Actuality Interviewing and Listening

采访与倾听

（修订版）

James R. Martin

［英］詹姆斯·R. 马丁 著

郑恬 译

中国友谊出版公司

感谢孙红云、阿龙·马丁，还有我的亲友及学生们

关于作者

詹姆斯·R.马丁，曾获艾美奖的制片人，编剧，影视导演，视频、多媒体和数字媒体内容制作总监。近20年来，一直在佛罗里达州温特帕克的福赛大学（Full Sail University）主管纪录片制作课程。此前13年，曾在芝加哥哥伦比亚学院（Columbia College）教授电影制作，并在中佛罗里达大学（University of Central Florida）身兼导演课教职。

马丁曾有两部作品获得艾美奖提名，一部是《热心肠：公房是我家》（*Fired-up: Public Housing is My Home*），另一部是《钢铁围城》（*Wrapped In Steel*），都在美国公共广播电视公司（PBS）面向全国播出，前者最终斩获艾美奖，后者还获得了芝加哥电影节"最佳网络纪录片金奖"（Golden Plaque for Best Network Documentary）。2008年，马丁凭一部有关"愿望成真"（Make-A-Wish）基金会的短片获泰利奖最佳纪录短片奖（Best Short Documentary）。

马丁既做过电影项目也做过视频项目，既做过剪辑、摄影也做过制片、编剧、导演，执教生涯已有近40年。马丁曾制作过一部故事长片（担任编剧、制片、导演），多部公共电视纪录片、商业广告、故事短片，以及多家公司企业宣传片。另著有《创作纪录片》（*Create Documentaries Films, Videos and Multimedia*）等书，发表了大量关于纪录片的文章与评论（见 Jrmatinmedia.com）。2016 年，曾受邀在深圳举办的第 22 届中国纪录片学术盛典上发表主题演讲，出席纪录片论坛会议，担任中国电视奖颁奖嘉宾。

目　录

第 11 章　采访剪辑原则

行动比语言更重要

"行动比语言更重要"既适用于现实生活，也适用于电影。电影的故事与行动息息相关，因为电影这一媒介的本质便是"活动影像"。人物对话对于活动影像有补充和支撑作用，也能够丰富情节的细节。在纪实类纪录片的故事中，是第一手的采访叙述替代了演员对话，以支撑纪录片中的情节。此外，不同形式的采访也被频繁运用于各类纪录片以及有新闻追求的电视报道之中。

🔍 采访与倾听的艺术

采访作为一种手段适用于多个领域，包括公共关系、商业、法律、纪录片、新闻采访、专题讨论、脱口秀以及广播电视等。如何选择访谈对象并与其建立关系？采访中要切记的原则是什么？如何设计问题？如何应对采访中出现的各种状况？如何与采访对象交流，他们会有哪些反应？怎样才能做好采访？采访究竟是不是一门可以学习的技艺？……本书将解答这一系列问题，带你了解采访和倾听的艺术及方法。

倾听是做好采访的一大关键因素。无论是采访别人还是接受采访，懂得倾听都十分重要。实际上，无论是工作面试还是与某人初次会面，现如今的大部分对话都可以归入采访的范畴，因为人们开口的第一句话总是："你好，今天过得怎么样？"

本书内容基于作者40年以来的纪录片制作和教学经验、采访经历以及针对采访策略的深入研究。书中提到的采访策略被纪录片创作者、记者、律师、人事部门等广泛使用，能在总体上为应对不同的采访情况提供参考。

无论是否进行拍摄，采访与倾听的原则都是通用的。采访是纪实类纪录片以及非虚构故事创作中不可或缺的一部分。纪实类纪录片创作中所用的采访策略，在其他各种采访中都适用。

🎙 纪录片、非虚构与采访

纪录片旨在通过探索现实揭示真相。为实现这一目标，创作者会将正在发生的现实记录下来。纪录片不需要演员或表演，其采访也不包含排演或指导环节。纪录片的素材可以是胶片画面、录像带、静态摄影照片或音频等形式，它们最终会被剪辑成一个故事，以反映采访者经历和观察到的现实。

人文社科、公司培训、公共关系以及销售等领域都会用到非虚构影片或视频。一般来说，纪录片这一形式在对采访的处理上有一定的灵活性，主要区别在于主观程度以及观点立场的不同。而对专家、发言人等人士的采访则一般会按照事先编排的脚本进行。

🎙 运用多媒体

非虚构或纪录式的作品可能采用不同的信息载体来结构纪实性的故事，比如使用胶片、视频、音频、采访、幻

灯片、照片等一种或多种载体来进行多媒体的表达。一
提到"采访"，多数人第一时间想到的便是人们对话的场
景。事实上，采访也可以由一系列照片或者一段视频组
成。例如，它还可以是一个人通过舞蹈表达自己情感的
视频片段。

🔍 观点

　　包括纪录片在内的非虚构作品是无法保证完全客观的，
这些创作都是个人或团体对于其心目中现实的主观阐释，
这一点在纪录片、报纸文章、电视新闻、历史教材等媒介
中很明显。人的思维是主观的，人对现实世界的感受是受
个人经历、文化和家庭背景等各种因素影响的。

　　对采访者和被访者来说，
采访都是一场主观的经历，参
与采访的每个人都有自己的
观点。问题和答案都是主观
的，即使这些观点被纪录片或
新闻报道所引用，其主观性也
不会产生变化。采访可能是信
息类、教育启示类、娱乐类或

人的观点取决于其所处的位置

政治类，也可能是其他任何图书馆或书店非虚构区域陈列
书籍所属的类别。纪实类纪录片可以将这些观点呈现给观
众，这也是其与官方宣传片的一大区别。

　　观众有自己的立场。纪录片的叙述有自己的观点或主

张，观众可能接受，也可能有异议。针对某一特定话题而采用第一手的采访来阐释观点，无论从哪种角度来看，都不能说明其所描述的现实就是客观的。

每个人对现实的理解有所不同。首先在生理上，人和人眼球黄斑区视杆细胞和视锥细胞的数量就有差异，致使人们对于颜色的感知有所差别。人类的眼睛是所有生物中最强大的，然而没有两个人看同一物体的颜色是完全相同的。人类的其他感官亦是如此。考虑到每个人都有自己独特的经历，所以不难理解每个人感知现实的方式都有所不同。每个人的想法都来自特定节点的不同现实遭遇和以往经验。也就是说，每个人眼中的现实都是独一无二的。

🎤 罗生门效应

《罗生门》是一部于1950年上映的日本电影。该片由黑泽明导演，宫川一夫摄影，三船敏郎、京町子、森雅之等领衔主演。

影片以乱世为背景，讲述了一起由于证人们互相指控对方为凶手而无法得知真相的凶案。后来，心理学家也借用"罗生门效应"来描述由于证人各执一词而无法获知真相的情景。现实生活中，警方在试图搜集目击证人的证词时也经常会遇到这种情况。

在对两个目击同一事件或经历同一活动的人进行采访时，得到的叙述往往会有出入。两位受访者都会不自觉地

带着个人经历的滤镜，从主观
角度产生认识和经验。假设有
几个人被同时困在一部电梯里
20分钟，之后每个人受访时所
说的都会有所不同。其中一个
人也许只记得自己犯了幽闭恐
惧症，另一个人会回想起自己
在等待时愉快的闲谈，还有人
则惦记着自己错过的约会。

《罗生门》剧照

🎤 电视新闻

　　在美国，电视是一种娱乐媒介，人们看电视是为了从
中体会到乐趣。然而，为了收视率和广告收入，美国电视
业似乎将新闻也变成了娱乐。新闻不仅沦为一种娱乐，还
被别有用心之人、公司和政治团体所利用。这样的结果就
是新闻中充斥着各种娱乐性的宣传，导致真相无处可寻。
受访者也被操控，所说的话被断章取义。所谓的"权威人
士"和评论员们按照自己的想法曲解新闻。即使是号称以
事实为本的新闻节目，也会以政客等人的惊人言论为噱
头，制造耸人听闻的节目效果。

　　与报纸不同，有线新闻频道和网络新闻频道的编辑方
针不是由编辑制定的。某些有线电视频道简直是有线版的
"新闻小报"，还有一些电视频道无异于是政治团体的传话
筒。那些喜欢在福克斯新闻等频道收看八卦内容的观众，

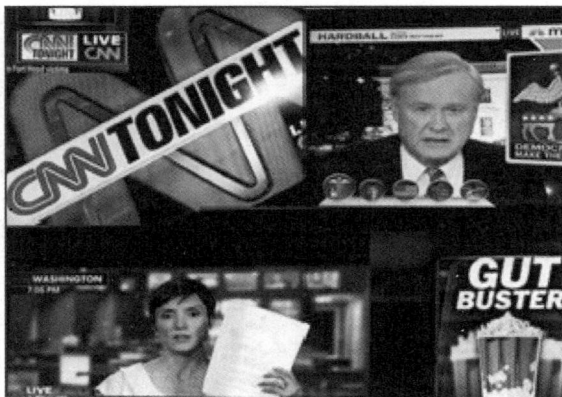

电视新闻报道画面

想看的并不是新闻，而是娱乐节目。许多所谓的电视主持人、名人，以专家或权威自居的人也会用这种伎俩来博取眼球和牟取利益。他们毫无正义感，也不懂政治，常常编造新闻和扭曲事实以哗众取宠。这样的节目并不是真正的新闻，就像表演性的职业摔角并不是真正的竞技运动一样。

从新闻主持人的面部表情和语调，便可看出他们对于所播新闻的态度。他们的提问要么带着气势汹汹的指责，要么有种优越感。这些长篇累牍的报道不值一提，几乎是在浪费时间。

广播亦是如此。电台热线节目的主持人和假专家们信口开河，与八卦新闻小报无异。这些"主持人"对于其所谈论的问题理解肤浅，观点也并无过人之处，其怒容满面的姿态和戏剧化的表现也不过是为了娱乐大众而已。

🎤 网络

网络是假新闻和阴谋论的温床，充斥着空穴来风、断章取义的不实信息。各类网站和博客为达到政治目的，有选择性地揭露和掩盖信息；在布赖特巴特新闻网（Breitbart Network）等极右翼网站上，人们可以轻易找到有宣传意图和骗取点击量的假新闻。很明显，每个人都可以隐藏自己的真实立场，在网上骗取点击量和广告收入。社交媒体上虚假信息的传播速度是如此之快，以至于人们都无暇顾及其真实性；网红、政客和自称专家的人在推特上写下的 140 字的不实信息，就是这样疯狂蔓延和发酵的。

由于电视新闻、广播和网络缺乏公信力，人们在记录现实时需要秉持一定的原则和道德标准。尽管纪实类纪录片可能并不负责播报新闻，但他们所面对的毕竟是现实事件，所以在创作过程中需要进行一定的研究和调查性新闻报道。创作者不能被显而易见的事物所迷惑，而应细致入微地观察其所记录的方方面面。同样，采访时提出的问题应当经过深入研究和仔细设计。

🎤 故事讲述

非虚构叙事和纪实类纪录片是为了探索现实和摆在人们面前的问题及其他主题，它们旨在带来坦率的洞察及揭示真相。创作者们期望借此让观众产生自己的看法。纪实类纪录片与新闻或其他所谓的"纪实"类节目之间有很大不同，它是利用叙事传递现实信息，而采访是这一过程中的重要组成部分。有些纪录片也可以做到兼顾信息性与娱乐性。

重要的是，要认识到制作一部具有明确观点的纪实类纪录片其实无异于在进行非虚构写作。进行采访时，要注意某个特定主题还有没有其他观点，知晓相关的正面和负面的事实，并深入研究历史上是否曾有针对该主题的讨论。所有这些因素都是支撑和奠定纪录片创作的基础。

> 纪实类纪录片是对人类现实某些方面的探索。纪录片依托的是非虚构的情景和情节（真实事件）以及围绕事实所进行的真人访谈。与客观事实相比，受访者的观念是怎样的？能否找到实例来佐证或推翻其观点？纪实类纪录片并不包含第三方的参与，也没有口头报道，而是通过第一人称的采访来讲述故事。

报纸新闻、电视新闻以及纪录片制作需要用到不同的采访手段，因为采访的目的有所不同且各有特点。报纸记者可能旨在寻求新闻事实，访谈类节目的主持人会采访某方面的专家，以听取一些"专家"的意见。相比之下，纪实类纪录片导演可能在采访中更注重挖掘个人的情感体验。不过这并不是说不同的传播媒介都受限于特定的采访标准。无论采访的最终用途是什么，采访者都需要清楚采访的目的，并做充分的准备。

假设一位报纸记者就生活用水污染问题采访了一位政府官员，并要据此撰写一篇相关文章。他会在文章中引用这位官员的话，除此之外，他还会基于自己的研究和这篇文章的中心思想来进行写作。

如果是一位电视新闻记者来报道这个专题，他会希望官员能够站在镜头前，就此话题进行深入解释。

脱口秀主持人则会将这段采访打造成一段你来我往的深入交流。

如果采访的目的是将其应用到该主题的纪录片中，则可能有多段类似的采访来探究作品共同的主题；同时，采访片段起着构建故事的作用，并辅以历史资料和新近素材。对事件亲历者的一手采访是故事的主要骨架，采访与所涉话题直接相关的人也非常关键，对有关专家的采访则被归为第三部分的评论环节，可用来提供与主题相关的补充信息。影片可能适时采用三方的不同观点，以完善故事的结构。

在纪录片中，各类形式的采访会为故事的情节带来新的意义。电影和视频并不是用来展示采访中的各类特写镜头的，因此如果一部纪录片中充斥着喋喋不休的采访者和受访者，观众将很难认同这部作品。固定镜头和访谈画面并不能算情节。在纪录片中，对推动故事发展的情节进行解释和强调的采访是最理想的。

摄影师通过照片展现其主观叙事，这是通过视觉呈现的现实。采访与之类似，是利用语言来构建叙事。两者都允许观众从个人角度进行理解

讲述纪实类故事

用访谈构建叙事

当受访对象在讲述自己的故事时，便是在进行第一人称叙事。比如他说："我喜欢散步，可以放松身心。"

　　第二人称经常出现在书信当中。"你应当经常散步，这样可以放松身心。"

　　借助旁白讲述故事时，便是在进行第三人称叙事。第三人称通常被认为是对事件的主观观点或是分层次的解读。"她出去散步，坐在一棵老树下休息，希望这样可以放松自己。"

🎤 讲好故事

在对采访内容进行评估之后，要针对受访者的回答撰写剪辑脚本，以建立叙事上的结构。经过剪辑，采访片段与真实的素材相结合，对故事进行呈现。纪录片还可以包含旁白、图表或字幕等其他形式的第三方说明，这些内容可以提供与事实有关的信息。纪录片也可以添加音乐和特效。

将采访中说的话转录成文字资料，作为采访的有力备份，这样导演和剪辑师便可以通过阅读它找到并明确能用来构建叙事的元素。有时，把受访者在采访结束时说的一些话剪辑到开头，效果会更好。在编写剪辑脚本之前回顾采访内容，能给搭建一个有开头、中间和结尾的故事提供契机。这有助于在纪录片中呈现中立客观或是"从内向外"看的观点。回顾采访内容还有利于更准确地安排图表和引入第三方旁白。

🎤 第三方评论

第三方评论为故事叙述提供了事实性的信息，其形式可以是对相关领域专家的采访。第三方评论并不一定提供客观公正的观点。人无法发表完全客观的观点，然而，主观的现实却能通过截然不同的方式呈现出来。此外，某些构成客观现实的信息可以帮助人们更好理解受访者的评论。在客观现实中，事实是不容否定的。

第三方画外音采用旁白来描述和解释所见事物，或者提供背景信息。这一形式所使用的素材包括基于采访部分的真实影像资料，也可能还涉及一些对其他相关人士的采访或他人对该主题所发表的言论。

叙事的结构也可以不使用第三方观点或采访。纪录片可以依靠影像素材来叙述故事，并添加现场声音、音效或环境音效。采访或第三方旁白并不是纪录片的必需内容。理想的纪录片的故事应当以情节和画面为主，而不只是干巴巴的采访对话。

🎤 现场音乐

现场音乐指的是来源于拍摄现场的音乐。在纪录片中添加其他音乐或用原创配乐，都相当于加入了第三方评论，会给故事加上一层主观效果，因此应当仔细权衡其利弊。

🔍 纪录片的风格

有一种拍摄采访的纪录风格，常用于电视节目——采访者与受访者要进行互动，提问和回答都会呈献给观众。1960 年，爱德华·R. 默罗（Edward R. Murrow）与弗雷德·弗兰德利（Fred Friendly）就曾在《可耻的收获》（*Harvest of Shame*）等电视新闻纪录片中使用过这种风格。

然而，纪录片先驱理查德·利科克（Richard Leacock）和罗伯特·德鲁（Robert Drew）等人则避免在其作品中现身或提问。他们使用的手法被称为"直接电影"。这种手法以观察为主，会尽量避免影响被摄的主体和事件。拍摄于 1960 年的纪录片《初选》（*Primary*）是"直接电影"手法的典范，该片聚焦的是约翰·F. 肯尼迪（John F. Kennedy）与休伯特·汉弗莱（Hubert Humphrey）竞选民主党总统候选人的初选活动。

真实电影则发轫于欧洲，最早起源于德国和苏联电影人制作的无声纪录片。真实电影注重的不是采访，而是行动和人物的对话。由 D. A. 彭尼贝克（D. A. Pennybacker）执导的《别回头》（*Don't Look Back*）正是一部真实电影风格的纪录片，此片讲述了鲍勃·迪伦（Bob Dylan）与随行人员在 1965 年于英格兰巡演的经历。影片中创作者没有进行采访，也没有来自电影人的任何干涉。此纪录片中有一段鲍勃·迪伦接受《时代》（*Time*）杂志采访的著名片段，该记者试图采访迪伦，但后者谈笑风生，完全没有给记者任何插话的机会。

纪录片的风格和形式各有不同。许多号称是"纪录片"的作品根本达不到非虚构故事的标准。在拍摄纪录片和非虚构电影时，可以结合多种手法，但对于有采访的纪实类纪录片来说，有一点非常重要，就是设计让受访者有话可说的问题，并将获得的回答与现实素材（电影、视频、照片、录音等）相结合，以构建第一人称叙事。在剪辑纪录片之前，应当根据原始分镜头脚本和已有素材撰写剪辑脚本。在纪实类纪录片制作中，分镜头脚本的作用更多是作为指导或提供一份希望拍全以便剪辑的素材清单，而不具体规定被摄主体做什么。

纪录片采访根植于新闻采访，使用了新闻采访的部分技巧。但由于纪录片要通过受访者的回答来结构叙事，而受访者的回答又是第一人称的讲述，所以纪录片采访相比于新闻采访要更复杂和深入。记者会用自己的话复述其听到的故事（第三人称），虽然记者通常会引用受访者的原话，但是从根本上来说，报道或者讲故事的人仍然还是记者本人。记者也许会尽量做到"客观"，然而由于受访者的故事会经过记者个人观察的过滤，所以说记者的讲述只能是自己对他人故事的主观解读。

记者根据采访内容撰写新闻稿，随后编辑会根据编辑原则和政策的整体要求对稿件进行修改。最终，读者看到的成品已经是经过了多次主观过滤的结果。

🎙 叙事构建

纪录片使用第一人称采访构建叙事的第一步，是从受访者口中获得事实或观点。纪实类纪录片的意义在于尽可能挖掘现实并将其传达给观众，使观众能够深刻理解主题。同时，除考虑到在叙事构建上的必要性外，制片人应尽量避免干涉和影响受访者。

在某些情况下，受访者的话会被选择性剪辑并被断章取义。这样的作品并非纪录片，最终可能是为了宣传上的需要。

在撰写剪辑脚本前，务必仔细回顾采访内容，这是确保故事连贯和统一的重要一步。在这个过程中你还可能发现一些之前没注意到的东西。使用剪辑脚本是一种可以将最终成品提前进行视觉化的方法。

某些情况下，剪辑脚本并不会特别关注与采访片段相结合使用的事件镜头。一个或多个主题的采访会被串联在一起，结构成有开端、发展和结局的完整故事，可以提议采用事件镜头穿插着配合采访部分。剪辑一开始，就只保留采访的音轨，将采访画面替换为相关的事件镜头。

例如，一个关于骑行的故事，涉及健身、休闲和出行等方面，有多位相关领域的人物接受了采访。你可以把某位骑行锻炼的车手放在开头。影片在播放他接受采访的音轨的同时，首先短暂出现的是他与其他车手共同骑行的画面，随后镜头再切回采访现场。

受访者如果能在回答时复述其听到的问题，后期就会比较便于剪辑。如果采访者认为受访者能接受这点，就可以建议对方这样做，但也不必强求。其实，许多人在接受采访时，并不需要额外提示就会自发地复述问题。

镜头下的爱尔兰丁格尔半岛

比如问对方：你为什么喜欢骑行锻炼？对方可能会回答：我喜欢骑行锻炼是因为……

此外，好的剪辑能将受访者的答案与事件镜头相结合，以达到不言而喻的效果。

纪实类纪录片在构建叙事时往往会将提问部分剪掉。这样采访者的形象和声音都不会出现在采访片段中，受访者就仿佛在与观众直接对话，让观众产生身临其境的感觉。剪掉提问部分也能保证故事的连贯性。

然而如果出现答案必须与问题相配合才能被观众听懂的情况，或是其他一些剪辑技术上的问题，提问环节则有必要保留。例如出现受访者在采访者说完问题之前就开始回答的情况，导致两人声音叠在一起而无法剪辑。

在 2011 年的奥斯卡最佳纪录片《监守自盗》（*Inside Job*）中，为了给受访者的回答提供语境，许多问题都被保留了，同时采访者并没有出现在画面里。这一手法是为了证明受访者的回答并没有被断章取义。

在纸质文章中用到采访内容则需要保留引用的问题。虽然一篇报纸上的文章也是在讲故事，但是其在叙事方面的要求是不同于纪实类纪录片作品的。

如今，新闻采访已广泛应用于电视和广播新闻节目中。主持人和受访者往往要同时出现在现场或预先录制的片段中。新闻节目主持人有时会与正在现场采访的记者进行直播连线，而随后重播这段采访时，采用的可能是剪辑过的版本。

新闻节目主持人或节目嘉宾有时会就受访者所说内容发表评论。这些评论行为就像是过滤器，是在以第三方的视角对受访者的原话进行主观解读。

同时采访多个对象时，采访者可以鼓励大家交流，让每个人都有发言的机会。[图为奥兰多魔术队与"许下心愿"基金会工作人员在纪录片《JP 的愿望》(*JP's Wish*) 拍摄现场]

采访与倾听中的重点

采访是第一人称叙事的一部分，因而也是纪实类纪录片叙事的重要组成部分。纪实类纪录片没有主持人出镜，也会尽可能避免使用第三方旁白。这种注重"真实"的手法值得其他形式的非虚构叙事借鉴。

🎤 采访形式

除了纪录片，采访还有很多其他的形式。这其中包括：工作面试、取证、新闻采访、脱口秀采访乃至初次约会交谈。采访是交换信息和交流的过程，需要有所反馈才能完成。采访风格各有不同，但每种都需要倾听。倾听对于采访者和受访者来说都十分重要。

采访在组织纪录片故事的过程中扮演着重要角色，而采访的成败取决于采访者倾听的能力。由于目的不同，采访的发展方向也有所不同。如果采访的首要目标是获得信息，那么采访的问题就要围绕所需要的信息。面对有争议的话题时，采访者可能会采用更加强势的采访手段。

纪实类纪录片创作者的职责是探索、倾听、学习并分享其所得。作为一种故事形式，纪录片需要以一种可以理解的方式告知他人信息，有时可能是以一种娱乐化的方式。纪实类纪录片的叙事方式起源于卢米埃尔兄弟的早期卢米埃尔兄弟（Lumière Brothers）拍摄于 1895 年的《火车进站》（*Arrival of a Train*）

纪录片，比如《火车进站》等作品。《火车进站》的场景时长一分钟，是一部默片，其中不包含任何采访。然而从许多方面来说，火车进站的场景正像是一场采访。影片只问了一个问题："火车到站时会发生什么？"这是形式最纯粹的现实拍摄。卢米埃尔将摄像机放置在站台尽头，对火车进站、人们上下车的场景进行了大约一分钟的拍摄。这部仅有一分钟的电影未经剪辑便被搬上了银幕。由于这是有史以来第一部银幕放映的电影，当时的观众都无比赞叹，有报道称有的人甚至受到了惊吓。现如今，一部有关火车进站的纪录片也许会包含火车进站、人们上下车的镜头以及采访乘客的片段。

　　以纪实为目的的采访使用的是基于传统纪录片叙事观念的方法。这种方法是指对事件和采访不带评判地进行记录，以创造一个极少包含或不包含第三方旁白的叙事结构。纪实类纪录片叙事往往不会出现第三方旁白的声音盖过叙述者声音的情况。其主体是通过行为和采访来讲故事的受访者，这会体现在画面或第一人称采访中。采访主体会出现在采访画面中，其采访声音也会作为画外音旁白出现在其他讲述事件的场景或视觉画面中。

🔍 用心采访

灌输是教化的同义词。观察、体会、学习以及合理运用方法都十分重要，但倾听是掌握所有这些的关键，这一点无论对采访还是任何对话场景都适用。倾听不仅仅是让声波传进耳朵里这么简单，因为倾听不是工具，而是一种心态，倾听不仅能帮助人们获取信息，还是产生感悟的一部分。

用心采访要求采访者既要用耳朵去倾听，还要用眼睛、内心及全神贯注的态度去感受。要做到在采访时留心倾听和仔细观察，不带着想象或先入为主的看法。这种态度有助于人们发现全新的思维和解决方法。在倾听受访者说话时，不要思考下一个要问的问题，不要在脑海中组织语言，也不要评判对方给出的答案。这样你要问的下一个问题自然会冒出来。

"聽"的繁体字传达了比"用耳朵听"更重要的意思。这个字还包括"你""你的眼睛""一心一意"和"用心"

耳朵　你　眼睛　专注　用心　去倾听

《康熙字典》收录的汉字"聽"

这些基本部分。实际上我们还能在这其中加上"嗅觉""味觉"和"触觉"——难道不是这样吗？事实证明，人真的可以用"心"去听。

用心倾听的方法将在后面的章节讲到。做到用心的第一步也很简单，只需要有意识地与受访者保持步调一致就可以。不要思考下一个问题，集中注意力，全身心投入地倾听受访者的回答，受访者的话不只是表面信息。只要仔细倾听，下一个问题该问什么就会很显而易见。这个问题可能是你清单中的下一个问题，也可能是清单上另一个符合受访者想法的问题，还有可能是一个你从未想到过的新问题。

如果在受访者回答完一个问题之后，采访出现了卡壳，也大可不必担心。受访者这时有可能会对自己的回答进行补充，你至少也可以借此机会回顾一下受访者刚才的回答。如果你后续没有想到任何针对受访者回答的提问，那就直接抛出清单中的下一个问题。

🎤 采访风格

采访者可能会使用不同的风格来与受访者进行沟通。无论采用何种风格，倾听都十分重要。

对峙型采访听起来更像是一场审讯，而不是谈话，受访者也不一定会保持合作态度。这种风格的采访是从正面直击并试图恫吓受访者。已故的哥伦比亚广播公司（CBS）电视节目《60 分钟》（*60 Minutes*）的主持人迈克·华莱士（Mike Wallace）就是使用这种采访风格的典型人物。他在采访中展现出一副好辩的面孔，言语中充满了主观的评判和指责。华莱士树立了成功的电视记者形象，但他蛮横的风格看起来更像是欺凌，而不是采访。这种采访风

格有时会事与愿违，发展为采访者与受访者之间的剑拔弩
张。华莱士曾在他的书《你我之间：迈克·华莱士回忆录》
（*Between You and Me: a Memoir*）中多次提到采访中出现的
不快。这本书附带一张包含 90 分钟采访的 DVD 可供我们
参考。

　　在对路易斯·法拉堪的一次采访中，华莱士称尼日
利亚是一个"腐败国度"，使得采访一度陷入争吵。法拉
堪对华莱士大发雷霆，争执占据了剩下的采访，但华莱士

芭芭拉·史翠珊
（Barbara Streisand）

迈克·华莱士，曾供职于哥伦
比亚广播公司

路易斯·法拉堪（Louis Farrakhan）

对话式采访

对此似乎显得十分满足。还有一次，华莱士在采访中对芭芭拉·史翠珊蛮横无理，后者不堪其辱，哭了出来。同样，华莱士在他的对立态度奏效之后似乎显得颇为满意。

而对话式采访是采访者和受访者之间通过对话沟通，使得后者能够在放松的环境中交谈及回答问题的采访。脱口秀主持人经常会使用这种采访风格与节目嘉宾进行交流。通过建立对话的形式，即使提出了一些棘手的问题，嘉宾也能放松下来应对。乔恩·斯图尔特（Jon Stewart）在担任《每日秀》（*The Daily Show*）主持人期间，就以幽默风趣而尖锐的风格著称。

🎙 有线电视新闻记者

有线电视评论节目因关注点不同而各有千秋。很多节目只是为刚愎自用的主持人搭建推销其政治观点的舞台，但也有许多是真正关心世事，为探究问题而开展采访的有价值的节目。美国有线电视新闻频道（CNN）主持人克里斯·科莫（Chris Cuomo）虽然在宗教方面持保守态度，其采访风格却十分激进。很多时候，他几乎不允许受访者兜圈子和回避问题。微软全国广播公司（MSNBC）主持人蕾切尔·玛多（Rachel Maddow）则是一位杰出的采访者和叙述者。她会循序渐进地表达观点，并且毫不掩饰，她会将讨论和采访置于具体的背景之中，在采访相关人士或者对特定话题有所了解的人之前，她会先用一段叙述性的纪录片进行演示。

如果你有意深入了解这一采访风格，可以借鉴玛多和科莫的电视节目。这两位主持人有一个共同点：他们都拥有除新闻专业之外的背景。科莫拥有法律学位，而玛多曾是牛津大学的"罗德学者"，在校期间还取得了哲学博士学位。然而仅仅拥有这些文凭是远远不够的，一位优秀的采访者同时还需要有其他突出的能力。这两位主持人都懂得如何在采访前做足研究，他们身边也各自拥有一整个新闻团队的支持。

观察式采访适用于采访者想要对某一进程或正在发生的事进行更加深入了解的情况。这时受访者就成了向导，在回答问题的同时也能帮助观众了解正在发生的事。观察式采访可以融入对话交流之中——当受访者在向观众展示某一物件的原理、带领采访者参观设施或进行实验时，会同时解释眼前发生的事或自己和别人手头在做的工作。

在直接电影中，这种观察法又被称作"墙上的苍蝇"，指的是在不被注意的情况下观察的一种状态。在这一过程中，没有任何人进行提问，电影人只是试图融入环境之中，同时又避免对拍摄对象产生任何影响。

上述几种采访风格的一大关键因素在于：采访者不仅要问问题，还要做到仔细倾听受访者的回答，在很多情况下，还得琢磨他们没有说什么。在对话式和观察式采访中，采访者最好采用中立或公正的态度。不要让受访者在被提问时感受到批评或评判，要让其自由表达，尽量不要打断对方的话语或思绪。

有时受访者在采访前刚刚失去了亲人或经历了创伤，采访者要做到能够识别这些特殊的敏感情况，小心谨慎、设身处地地处理受访者的焦虑或悲伤情绪，而不是也变得过于情绪化。如果采访者不确定受访者能否接受某一话题的问题，不妨征求一下对方的意见。进行采访也需要一定的心理学知识。

在采访结束后要向对方表示感谢。在拍摄结束后，如果时间允许的话，接着跟对方简单聊聊。对受访者表现出兴趣和礼貌十分重要，这可能也有助于下一次采访或之后再联系对方，确证他在先前受访时所说的话。

如果你发现在采访过程中忽视了某些问题，或者有些话题在采访中没有提及，记得在与受访者聊天时让摄像机一直开着。这时的闲聊可能会让受访者说出在正式拍摄时没能说出的话。

　　每位采访者在工作一段时间后都会形成自己独特的采访风格。作为采访者，在采访中保持冷静和自信是很重要的。就采访主题提前进行调研也能让你更加流利和缜密地进行交流和倾听。

任何主题、任何人都可以轻松借助网络搜索引擎进行搜索和调研

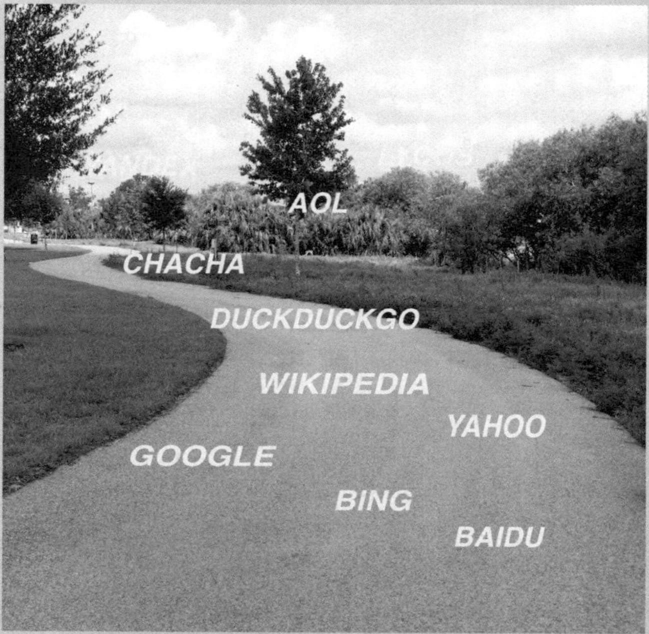

构思问题

准备采访的最好方法就是在事先研究的基础上进行提问。采访前对采访对象和主题有一定程度的了解相当重要。在寻找与主题相关的各种观点时，可以借助多种资料来源。在最终敲定问题之前，要明确自己要从采访对象口中获得什么信息，以及此次采访的目的究竟是什么。

🔑 准备工作

要想做到准备充分，采访者就要提前设计好问题清单。这些问题应该要让受访者觉得采访者对这次所谈话题有一定了解。如果采访者问的都是显而易见的问题，或者是幼稚的问题，说明其对此次采访的主题了解甚少。

所提问题要围绕此次采访的目的和原因，采访者要确保这些问题始终不会偏离采访的初衷。

采访者对所谈话题有一定见解是件好事。然而，采访不是为了展现采访者的博学多才，而是为了挖掘受访者的观点和见解。如果采访者意图用长篇大论的开场白来铺垫问题，则有可能使受访者产生抵触心理甚至引发争执。采访者应该将开场白限制在一两句简短的话以内。

在大多数情况下，编造借口接近采访对象都是不符合职业操守的行为。通常情况下，必须要让受访者明确采访要谈的内容，只有在进行某种卧底行动时才能破例。

采访者要认真倾听受访者的每一次回答，因为即使准备好了问题清单，也许采访对象的某一个回答会引出其他不在清单上的问题。随着采访从一个话题转移至另一个话题，采访者要有意识地提醒受访者是否有需要补充的内容。在采访进入尾声时，采访者要记得询问受访者是否有什么没提到的内容，或是对之前说过的话有没有什么补充。

如果采访者在倾听受访者回答时对之前的问题还存在疑惑，或者需要对方进一步阐述，就可以让受访者在此时进行解释或补充。采访者可以用比较随意的口吻询问受访者是否"思考过某一方面"，借此在受访者回答时插入相应的问题。这么做也方便后期剪辑时将这部分提问剪掉。

🎤 诱导性问题

诱导性问题是指试图引导受访者给出特定回答的问题。为了得到有偏差的答案，采访者总会设计别有用心的问题。儿童在接受成人采访时经常会试图讨好采访者，所以他们更容易被这种类型的问题所影响。诱导性问题会借助假定问题中的争论点或难题来诱导受访者说出采访者期待的答案。

> 例如："你觉得你和家人之间的关系存在什么问题？"——这么提问是在暗示受访者与其家人之间存在矛盾。

可将其改写为非诱导性问题——"你和家人之间的关系怎么样?"

假设有证据表明受访者家庭内部确实存在矛盾,而受访者只含糊其词地说没有矛盾,那么采访者后续提问可以更果断地暗示受访者可能与特定家庭成员有矛盾。

例如:"你设想的公司业务拓展计划与你哥哥的计划有何不同?"

诱导性问题:"快艇在撞上帆船时速度有多快?"这一问题在暗示是快艇开得快,所以撞上了帆船。

更好的提问方式:"你看到今天这里快艇和帆船出了什么事故吗?"

诱导性问题:"你的姐姐为什么不给你好脸色看?"这一问题会诱导儿童受访者得出结论。

更好的提问方式:"你和你姐姐做了些什么?"

🎤 封闭式问题

封闭式问题一般得到的是只有几个字的简短答案。

> 例如：封闭式问题——"你住在佛罗里达州吗？"
>
> 回答："是的。"
>
> 例如："你喜欢运动吗？"
>
> 回答："不喜欢。"

如果你想得到的是"是"或"不是"的回答，就可以采用封闭式问题，问完之后还可以再接着问。

🎤 开放式问题

开放式问题鼓励受访者进行更深入的回答。

> 开放式问题的疑问词一般是：
>
> 谁，什么，什么时候，哪里，为什么，怎么。
>
> 例如："说说你在佛罗里达州生活在哪儿。"
>
> 例如："你最喜欢做什么来打发时间？为什么？"
>
> 例如："你在中国的时候见到了谁？"
>
> 例如："你什么时候学会了骑车？"
>
> 例如："你为什么选择住在城里？"
>
> 例如："野营的时候你是怎么烤面包的？"

询问某人对某事的见解或感受可以唤起其更带有情感的回答。

下面的例子来自教育纪录短片《一号演播室——一位 DJ 的简介》(*Studio A—A Profile of a Disc Jockey*)。片中的采访对象是一位名叫约翰·兰德克尔（John Landecker）的直播名人和电台 DJ，采访在其演播室中进行。

采访前拍摄团队已经就如何拍摄、如何提问以及兰德克尔直播现场的部分撰写了分镜头脚本。采访者的形象和声音都不会出现在最后的成片中，以营造出观众与兰德克尔在现场直接对话的氛围。下文节选了分镜头脚本的部分内容，问题在其中最后一栏，单独的问题列表见第 45 页、46 页。

🎤 带有问题的分镜头脚本示例

镜头	画面	时长	声音
1	序幕标题和制作人员名单，背景为一号演播室窗户的景深镜头。		约翰·兰德克尔的广播声音。
1A	演播室窗户充满整个画面。窗户上写着"一号演播室"。随着人员名单结束，逐渐聚焦窗户上的字，直到清晰。 演播室里光线微暗，保持柔光。 镜头拉近，焦点逐渐清晰，开始从窗户位置推轨摄影。		画外音继续。
2	大特写　特写嘴唇，嘴对麦克风说话。		同步声音继续。
3	大特写　黄色警示灯闪烁。		画外音继续。
4	大特写　在开关上的手指。		画外音继续。
5	特写　在榜单前四首音乐播放结束后，四个分区数字时钟。		画外音继续或接广告。
6	中景　从兰德克尔的身后拍摄，焦点在其背上，兰德克尔举起手向镜头内玻璃另一侧的操作师示意。在兰德克尔向其示意的同时对焦到操作师身上。		兰德克尔随音乐声音或其他提示进行广播。
7	操作师的手指推动按钮调高音量。		兰德克尔的画外音继续。
8	中景　从手指匹配切出至亮灯的操作台（操作师过肩视角拍摄）。镜头向上倾斜拍摄兰德克尔与操作师隔着玻璃交流。		兰德克尔对操作师进行指示。

※ 纪录片开头并没有进行任何提问。兰德克尔的声音与其动作同步。

（接上页）

镜头	画面	时长	声音
8	全景 拉回操作棚，操作师背影的轮廓与背景里的兰德克尔相衬。 画面逐渐溶至……		兰德克尔的同步广播声音或进行其他活动。
9	特写 兰德克尔正在写日志的手。		背景中的广告或其他节目。
10	特写 黄色警示灯。		背景中的广告或其他节目。
11	特写 兰德克尔对麦克风说话。		兰德克尔的广播声音，他在介绍下一首音乐。
12	中景 兰德克尔在操作台前，推动按钮、翻动纸张等。 转向镜头外坐在摄像机旁的采访者，兰德克尔开始回答问题，采访者的提问不会出现在成片中。 注：最终成片中不会出现采访者或提问片段。看起来仿佛是兰德克尔将采访者当作一位坐在一旁看他表演的访客一样。兰德克尔不会直视摄像机说话，但是客人（观众）会觉得自己就在现场，和兰德克尔在一起。兰德克尔边工作边回答问题，他会整理措辞。		问题和答案示例： 问：你一般要在演播室里待多久？时间安排紧张吗？在这里工作舒服吗？ 答：我在演播室里…… （采访问题附在脚本最后，用于在采访中进行提问。）
13	特写 兰德克尔继续说话，眼睛盯着操作台。		兰德克尔回答。 问题： 你在哪里读的书？学的什么专业？ 你从小就想从事广播工作吗？ 你是怎么走上这条路的？ 你收获的第一桶金是什么？

※ 纪录片拍摄并不总是遵循脚本顺序。同样，问题的提问顺序也可以有所变化。分镜头脚本只是为团队拍摄便于后期剪辑的素材提供参考。

（接上页）

镜头	画面	时长	声音
24	特写　向操作师挥手示意。		
25	特写　兰德克尔在向操作师做出指示后继续说话。 他说了一段时间……		兰德克尔 播放 12 号和 4 号曲子 问：你喜欢和讨厌工作中的哪些方面？你曾感到孤独吗？
26	特写　在兰德克尔介绍背后数码时钟的用途时，分别进行拍摄。		聊一聊最上面的四个数字时钟。这些时钟的用途是什么？你多久会播放榜单前四的歌曲一次？
27	特写　操作台的一部分。		今天调频广播的状态如何？
28	特写　操作台的一部分。		对操作台各个部分进行介绍。
29	特写　操作台的一部分。		这些按钮的作用是什么？哪些按钮是操作师使用的？
30	特写　兰德克尔按下 7 秒延迟按钮。		如果你接到骚扰电话会怎么做？
31	特写　屏幕亮起来的手机。他们全部回避不接。		人们为什么会打来电话？你们之间会有何互动？（比如竞猜、促销、"身体检查"问题）
32	特写　从上个第一人称视点镜头调转 45 度，兰德克尔回到广播中。		兰德克尔的广播声音。
33	大特写　红色警示灯。		兰德克尔的广播声音。
34	近景　兰德克尔广播中的场景。他进行收尾，结束广播，在准备下一段广播的同时继续与我们交流。		兰德克尔的广播声音。

※ 为保证影片的连贯性、相关性和时长，并不是所有的回答都会出现在最后的成片里。纪录片采访可能会有意料之外的言行。

🔍 采访问题示例

《一号演播室 —— 一位 DJ 的简介》

镜头	问题
12	你一般要在演播室里待多久？时间安排紧张吗？ 在这里工作舒服吗？
13	你在哪里读的书？学的什么专业？ 你从小就想从事广播工作吗？你是怎么走上这条路的？ 你收获的第一桶金是什么？
19	你何时来的芝加哥？
20 21	为什么来芝加哥呢？你在 WLS 电台工作了多久？（要提到这是一个新成立的播音室）这里与以前的播音室相比如何？ 采访要谈到芝加哥以及 WLS 作为著名调频电台的重要地位。 当一名听众数量达到百万级的广播人，是什么样的感受？
25	工作中你喜欢和讨厌的地方都有哪些？ 坐在这里只能和操作师说话，会不会觉得孤独？
26	聊一聊最上面的四个数字时钟。 聊一聊时间把握以及播放榜单排名前四的音乐。
37	如果你能做主的话，你最想对节目进行什么改变？

（接上页）

镜头	问题
38	如果有的话，你最喜欢的广播名人是哪一位？
39	聊一聊 1959 年的广播业贿赂丑闻。
40	作为一名广播名人，应当树立什么样的形象？ 目前公众对你有没有什么错误印象？
50	在你看来，民用无线电为什么会受到大众的欢迎？
51	你是否怀疑过究竟有没有人听自己的节目？
52	将话题转至个人爱好和兴趣，比如电影。如果采访被他的直播环节打断，记得要在之后继续中断的内容。
64	你是怎么喜欢上电影的？我听说你有学习这方面的相关课程。
65	你接下来要做什么？下一步的发展目标是什么？ 你会满足于留在 WLS 吗？
66	在广播行业中，哪些职业选择是明智的？
68	你认为这份工作有年龄限制吗？到多大岁数就不再适合从事这份工作了呢？

※ 纪录短片《一号演播室——一位 DJ 的简介》，约翰·兰德克尔主演，可通过以下链接观看：http://www.youtube.com/watch?v=3ZTrSr-Dfuw。

🎙️ 加入新问题

在采访过程中，你有可能会针对受访者的回答或根据采访进展提出事先未设计的问题。这种情况下采访者要适当引入新问题。倾听是采访中的一个重要部分，在倾听中你可能会发现清单上某些采访问题更适合提前引入，可能当前就是提某个问题的好时机。问题清单本身仅供参考，实际采访中并不一定要按事先设计的顺序提问。

如果在采访期间或受访者在回答中提到了某些相关事件，对此事件进行拍摄并将其作为补充素材便很重要。这些额外的片段通常被称作 B 卷画面。B 卷画面是一个影视术语，用来指代附加片段、切出镜头或其他素材。如果受访者谈到某一具体的事物，应当记下笔记以方便后续覆盖这部分内容。

🎙️ "多选一"问题

"多选一"问题能让受访者在两种或多种答案中只选其一，属于引导性问题，具有一定的操纵性，在艰难的采访中，这种问题可以用来引导受访者进行回答。

例如，使用"你更喜欢棒球、篮球和橄榄球中的哪一种运动？"来替代"你最喜欢的运动是什么？"，得到的回答则可能是"其实我更喜欢足球"。即使受访者说自己都不喜欢，你仍然可以选择追问，比如让他"说说喜欢的一项运动"。

同样，采访者可以使用"你喜欢待在家里还是去参加聚会？"来替代"你是否喜欢参加聚会？"。

采访者可以避免问"你对全球变暖有什么看法？"之类的问题，而是问对方："你认为当今世界面临的哪个问题更为严峻，是摆在眼前的经济问题还是影响人类后代的气候问题？"

拍摄团队尽量不要干扰现场采访，要在开机后再进行采访

进行采访

在大多数情况下，采访者会首先进行自我
介绍，接着再与受访者进行交流，这样做的目
的是使受访者放松心态并为接下来的采访打下
良好的基础。这么做会为整个采访定下基调。
随便聊聊天气等日常的中性话题还能打开局
面，拉近彼此的距离。

🎤 组织工作

采访者要提前告知受访者此次采访会被录像，并说明录制素材的用途。如果受访者还未书面同意片方使用采访片段，这时便是让他们签署合同的好时机。一般的标准是，创作者有权在纪录片中使用部分或全部受访片段，或者依照项目安排以其他形式使用。为方便说明，暂且假设以下例子中的采访将用于纪录片制作。

尽可能让拍摄团队人数维持在进行采访所需的范围内，可能只保留掌机和录音师就能满足要求。如果太多工作人员出现在采访现场，受访者可能会分心或产生此次采访不真诚的误会。

在摄像和录音开始工作后，采访者便可提问第一个问题。开机录像并不用太正式，只需要简单地向第一助理、掌机或录音师点头示意即可。打板可以在采访正式开始前进行。

🔍 采访心态

　　采访者在采访前应当有通过倾听受访者的意见来搜集信息的心态。经验不足的倾听者往往会过于关注自己要说的话，从而忽视了受访者的回答。在倾听时思考下一个问题问什么便是对受访对象所说内容的忽视，受访者此时所说的话不过是采访者思考下一个问题问什么的次要背景音。

　　在采访中，采访者同时要注意口头和非口头的表达。倾听并没有字面上看起来那么容易，人们自身的情感、偏见和其他观点会蒙蔽其所听到的内容，以至于影响他们对对方所说内容的理解。这些自身因素会使一些先入为主的观念干涉听者对受访者回答的评价。

　　在故事片中，演员们也会学着倾听其他演员的台词，而不是考虑自己接下来要说的台词。通过这种方式，他们可以自然地进行对话，便不会出现演员抢台词或过早给出回应的情况，不会让人觉得演员是在背台词。这有助于演员双方进行对话。采访者与受访者之间也是同样的道理，受访者能够轻而易举地感受到采访者的心思是不是在当前的问题上。

　　每个人都曾面对过心不在焉的交谈对象。当一个人意识到无论自己在说什么，对方都没有认真听进去的话，他会做何感想？其处在这样的交流环境中又如何能敞开心扉呢？同样，当一个人焦急地想要回应而对方却说个不停时，他也会有类似的感受。

🎤 用心倾听

用心倾听的关键在于注重当下。不要让个人情感、偏见或其他过滤性的因素影响到自己的倾听，要避免在对方的回答中刻意寻找自己想听到的内容。在倾听的时候，要尽量避免带有主观判断；如果你带着评判的态度进行采访，你的采访对象是能感受到的。有一种方法可以让你保持中立的态度，那就是换位思考。与他人共情能让你理解他人的观点，但不一定要与对方产生共鸣。不要过于自说自话，花点儿时间回应对方对你问题的回答。要仔细考虑自己是否有必要让采访变得火药味十足，就算采访双方已经出现了冲突，也没有必要让采访成为人身攻击和抒发怨气的载体。

倾听时，心中要有一个目标，同时也要保持积极性。采访者要明确自己需要从受访者口中了解到什么信息，在说话时以问问题为主。明确采访的目的，不要分心，如非必要也不应该打断采访。在采访中注意寻找非言语的线索，人们有时会使用肢体语言、面部表情或手势来传达信息。注意眼神的接触要温和（详见第 6 章）。

采访者要做好笔记或让工作人员进行记录。这些笔记要用来与问题清单进行比对，以确保没有缺失采访内容。仔细倾听的话，采访者往往会发现受访者的回答中已经包含了接下来问题的答案，或是察觉到清单上某些设计好的问题应该在这个时候提出。要对对方所说的话做出反应，而不是对他这个人做出反应。在采访前列问题清单的目的就在于为此次交流做好准备。

要有耐心，不要急着提下一个问题。有时受访者会在回答完一个问题到提问的间隙补充更多的信息。要记住，听和说同时进行确实存在难度，但并非无法做到。

🎤 合理回应

澄清疑问——针对某一问题询问更多的细节或信息。"请多给我讲讲关于……"

确认信息——对受访者的回答进行复述。"如果我理解得没错，您是说……"

表达共情——理解、感知他人的感受和通常并未表达出来的含意，并对这些信息进行消化。这种行为与表示同情或感同身受有着本质上的不同。"我明白你最近经历了许多意想不到的困难……"

后续提问——提出一些不带偏见、不固执己见的问题。"你最终是如何平息这场争执的？"

换个说法——重复或复述受访者的回答和陈述。"……也就是说，你在新公司里一个朋友都没有……"

进行回应——尽量不要使用结论性的措辞，而是进行相对比较模糊的回应和提问。比如："多给我讲讲你为什么如此讨厌运动"，而不是"很奇怪，你居然不喜欢运动，能说说究竟是为什么吗"。

🔑 倾向性、诬陷以及回避问题

受访者往往很擅长回避问题，他们常常都有一套完备的回避套路。首先，他们会否认自己存在任何问题。如果直接否认过于不合情理，他们则会将"大事化小"，或是声称自己掌握的信息不足。他们还会挑拣有利于自己的证据并将责任转嫁给外部信息来源，对消息来源或报道相关新闻的记者发难（所谓的"杀死信使"）。除此之外，受访者会对任何有助于解决问题的建议找碴儿，转而只对向自己表示同情和支持的采访者开口。受访者也会试图通过反问采访者或人身攻击来扰乱采访进程。

许多采访者在面对被称为有"倾向性"的话题时会犹豫不决。要避免问这些问题，采访者应当对采访话题有一定的了解。所以在采访前好好做调研吧，因为一旦话题开始有倾向性，采访气氛难免会变得对立起来。这时，将受访者引到实际的问题上是可能的，但没准儿需要采取更为激进的方法。每当对方想挑起事端的时候，试着打断对方，重复提出问题，用强有力的真实信息回击"倾向性"，不要纵容受访者利用其"精心挑选"的证据或将话题转移到其他人或事身上。尽管这样的方式可能稍有些对抗性，但采访者仍然可以采取礼貌、尊敬的方式完成提问。

如果采访对象因为某个问题大发雷霆或怒火中烧，采访者也要做好心理准备。受访者有可能会借此故意挑起争端，可能通过反问问题而不是回答来主导采访。要记住自己采访者的身份，如果受访者开始反问问题，对方就变成了采访者，最好不要被对方牵着鼻子走，陷入争执中。引起争端是受访者最后的手段，也是"杀死信使"的一种形式。采访者可以将受访者挑起争论的行为看作是对自己所问问题的情绪化回应，同时应该以冷静的态度询问对方为何如此反应或得出这样的结论。采访者要做的是提问，而不是对受访者附带情绪性的语言攻击进行回应。如果双方无法达成和解，那么索性直接进行下一个问题或切换话题。

现如今很多受访者已经不满足于单纯地回避问题了。他们会用看似礼貌的方式来回绝问题，比如用"不准确""搞错了"等类似的措辞，但说到底这些都是受访者不诚实的表现。如果你能够在采访前做足准备，就能判断什么时候会发生这种情况。作为采访者，你不得不决定怎么处理这类问题。

你可以无视受访者的谎言，但如果其在直播采访中撒谎，许多人都会接收到这个错误的信息。只要是撒过谎的人都知道这一点：谎言如果得不到实时制止，便会肆意蔓延。在这之后，受访者会否认自己撒了谎，不承认自己说过的话，或是不断抛出类似的谎言，这么做会"加倍"他们的谎言。在互联网快速发展的今天，谎言会通过社交媒体和有线新闻等途径飞速传播，当一定数量的人都信以为真时，谎言便成了全部的事实。无论采访中出现何种情况，采访者都要及时揭穿撒谎者。

在哲学中有一种说法叫"客观实在"，意思是一件事非假即真。如果真正的事实被歪曲理解，那它就是假的。所以最好的解决方法应该是拒绝接受假答案，而如何拒绝则很重要。

面对虚假的答案，一种可能的回应是，直接表示自己有其他真实的消息来源（给出消息来源），证明其他的事情都是真实可信的，只有受访者提供的答案是"有误的"。

另一种方法是列出自己与受访者所说之间存在争议或相反的一项或多项事实，询问受访者的消息来源。多数情况下，说谎者会因此试图改变话题或指责你的消息来源有误。

采访者还可以表明自己的立场，指出对方所说并非事实，然后直接进入下一个问题，而不是陷入与受访者无休止的争执之中。采访者可以秉承求同存异的态度，保证采访继续进行："抱歉，但是根据我所掌握的事实信息，您所说的并不准确，不过我们还是继续往下进行吧。"

采访对话的基调和细节可能会有所不同，虽然采访双方之间的敌对姿态不会很明显，也不可取，但在许多情况下，采访气氛难免会变得紧张。

🔑 民族志与人类学纪录片中的采访

民族志与人类学纪录片中采访的基本策略也是仔细倾听，同时熟悉主题。不过，创作者也会在采访过程中重点关注其他方面。

家庭照片和视频可以为梳理家族历史和寻访民族传统提供帮助。采访对象可以是单独的个人，也可以是一对夫妇或一家人，可以在他们回顾照片或家庭相册时进行采访。有时，仅仅是整理一下装满老照片的鞋盒便足以唤起一个人尘封多年的记忆。

　　纪录片《钢铁围城》讲述了芝加哥东南部几个民族聚居区的历史变迁，片中对当地多个个人和团体进行了多段采访，受访者讲述了有关该地区的历史。在多年之后，高龄受访者的记忆可能有所缺失或者变得模糊，但老照片可以帮助他们回想或证实当年的历史。

🎤 《钢铁围城》

　　1984 年，在制作纪录片《钢铁围城》的过程中，来自芝加哥东南部海治维芝（Hegewisch）地区的 94 岁居民明妮·莱特富特接受了采访。她为此拿出了好几箱老照片，其中一些照片背面还保存着文字记录。随后，摄制组根据明妮提供的信息更新和补充了自己掌握的资料。在部分采访环节中，明妮甚至回忆起了由其家人讲述的其出生前的一些历史。借助照片上的日期标注和出现的人，她清晰地回想起了当年也居住在此地且活到了 100 岁高龄的母亲说过的话，母亲去世的时候明妮已经 70 岁了。

　　这一采访还被录入了芝加哥东南部历史恢复计划（Southeast Chicago Historical Project），此计划曾成功地帮助附近 4 个居民区的众多居民回忆和找回了自己家

来自芝加哥东南部海治维芝地区的 94 岁居民明妮·莱特富特

庭的历史。这一地区共有约 10 万不同民族和种族的居民，其中大多数家庭都是在 20 世纪初的东西欧及墨西哥移民潮期间移居至此的。此外，非裔美国人也是这一地区的早期定居者。这一地区过去主要的工业是钢铁制造业。

工作人员鼓励当地居民携旧照片以及其他史料前往社区历史恢复计划办公室，接受历史学家的采访，以帮助追溯自己家庭在该地区的历史。

采访主题涵盖各族裔群体的家庭、工作场所、宗教和生活方式等，采访的问题也大多围绕这些主题。

这一项目成功提升了当地居民的社区意识以及对当地各族裔群体所共享的经验的深入了解，而此前某些时候，他们还处在冲突之中。

纪录片《钢铁围城》中包含多段有关家族历史、民族历史和工作地及宗教在其中所扮演角色的采访。

《钢铁围城》（可以在互联网上观看）

人们可以通过面部表情表达各种情绪。肢体语言、头部微向前倾等姿势可以表达额外的意义

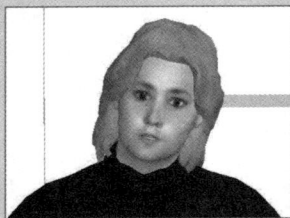

第 6 章

非言语交流

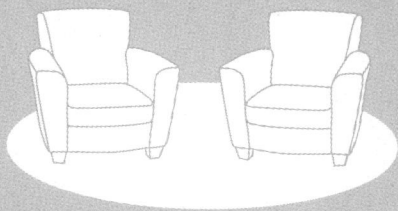

在大部分人看来，狗是使用非言语形式进行交流的代表性动物，狗能通过摇尾巴、竖耳朵等动作传递信息。

　　不像狗和其他动物，人类没有尾巴，但人类在自然界处于统治地位。狗作为"人类最好的朋友"，也非常擅长识别人类的非言语信息。

🔍 人类的交流

人类使用非言语方式交流非常频繁，以至于仿佛已经分化出了两种相互并行的交流方式：言语交流和非言语交流。这两种交流方式单独运行，程序也有所不同，有时甚至传达的是截然相反的信息。

想象这样一个情景：你去一位亲戚家登门拜访，这位亲戚面无表情地站在门口，双手交叉在胸前，说："很高兴你能来。"

人的非言语表达

在这种情况下，口头语言和肢体语言当中哪一种对你产生的影响更大？你能感受到对方对你的欢迎吗？显然，这位亲戚的口头语言与其肢体语言和面部表情所表达的含义之间并不相匹配。然而，有趣的是，你可能意识不到对方所传递的双重信息。可能他对你的来访感到紧张；也可能是你登门时给了对方这样的信号，甚至是因为你们双方过去发生过争吵，再见面的时候脸上难免不好看。以上这些因素都会通过非言语形式以无意识的方式进行传播。大脑层面的交流会在一定程度上通过身体的其他部分反映出来。

除了基本的肢体语言和姿势，人们还总结出了包括手势、头部动作、手部动作以及其他在表达感觉、情感、想法时单独或结合使用的"动作词汇表"。有时非言语交流会无意识地发生，但有时人们也会刻意使用非言语上的交流来传递信息。

在采访中，采访者要做到能够识别言语形式和非言语形式方面的信息。注意采访对象的坐姿或站姿，注意他们的回答与面部表情是否匹配，注意其非言语的身体姿势说明了什么。

🔍 识别非言语信息

谨慎行事、细致倾听都是理解受访者所传递信息的实用方法。通过倾听，你可以完成接收信息并给出合理反馈的完整过程。如果你在倾听，你的身体也会传递出相应的信息。采访者在用心倾听时要做到立场中立，杜绝主观判断并集中注意力。在采访中可以使用以下多种技巧来帮助自己倾听。

首先，留意自己的肢体动作和其他非言语的信息。自身的坐姿是否合理？是不是一种乐于接受的姿势？是无精打采还是看起来很无聊？你是否有跟对方保持眼神接触？你的双手放在何处？在此次采访中是否有要特别注意的文化规范？

比如，如果你将自己的双手放在背后或是置于桌子下面不让对方看到，可能会暗示你也许有所隐瞒。这可能最早起源于有人会用类似姿势隐藏武器的行为。如果在环境中并不具备什么威胁的情况下，这样的姿势只会引起不必要的怀疑。人类早先还没有创造出有足够多词汇的语言之前，可能就已经能够交流了。现如今，咨询顾问也会建议求职者在面试时将双手放在桌子或大腿上。手掌朝上可以让受访者意识到你更愿意接纳对方，而手掌朝下则不会有这样的效果。

注意其他人的姿势。他们在说话时有没有双臂抱合或是双腿交叉？他们有没有与你保持眼神接触？如果有，又是什么样的眼神？他们有没有频繁眨眼或是反复触摸身体的某一部位？众所周知，频繁眨眼往往意味着紧张或不真诚，而不停变换姿势、面部肌肉抽搐也是紧张或有其他心事的迹象。单纯的挠痒或是其他简单的动作可能并没有什么意义，但是不停挠痒、频繁眨眼并抚摸头发则有可能是焦躁或紧张的表现。通过肢体语言，你可以判断一个人是否在撒谎或回避问题。然而，如果你无法做到有意识地察觉这些动作背后的意义，则有可能给采访带来不必要的误解。因此，采访者要做到能够有意识地识别这些非言语信息，借此更深入地理解受访者的回答并进行合理回应。

例如，在采访中，有人说不知道，但点头；有人表示同意，但摇头；也会有人在说谎后窃喜。要想识别这样的"蛛丝马迹"，采访者应当多从对政客、名人、代理人和其他人的电视采访新闻中取经。

🎤 从面部与头部接收信息

　　躲避眼神接触和频繁眨眼的行为可能说明当事人不诚实。朝对方身后看去，有可能意味着分心或感到无聊；直勾勾地看着对方则可能会引起对方的不适；沉着地对视通常意味着真诚的态度。稍稍转头或抬头表示其对所提问题有所反应；眯起眼睛可能传达的也是类似的信息，或者表示不理解；头部微倾表示对听到的内容不确定；点头一般是表明同意，而微笑则表示同意、自信和认同对方所说；不看对方则可能是不诚实的信号。以上提到的都是每个人在成长过程可能表现出来的不同特点，这些特点可能来源于对父母的模仿、文化的影响或是

面部表情可传达多种信息

其他无意接触到的内容。比如，因害怕权威而转移目光可能来源于一个人童年时期对大人惩罚的恐惧。压力或恐惧的情境，给人带来的影响可能会持续数年。

🔍 肢体语言

肢体语言通常是一系列的。单独一两种肢体语言可能会引发误会，传递不了什么有力的信息。例如，某个人可能感到很痒，挠了挠，但如果他一边挠痒，一边还揉了揉鼻子，并且摸了摸身体的其他部位，这可能是紧张、愤怒或不诚实的表现。

手是大部分肢体语言的中心。比如，某个人可能靠在椅背上，同时双手环绕在脑后，试图表现出掌控他人或者高人一等的样子。他还有可能同时把脚放在桌子上，意图表明自己说了算。跟别人会面的时候，我们不会想到要用这种肢体语言，除非我们是在法庭上想要镇住对方的律师。除此之外，两只手来回在指尖和掌心之间摩挲也是意图控制谈话或展现权威的行为。

一般来说，张开双手是一种展现包容和没有隐藏的正面姿态。搓手则是不自信或惧怕的表现；紧张地摸鼻尖、摸耳垂、抓下巴、摸脑袋和拽衣服等肢体语言，都有可能表明某个人不真诚。

想象有这么一场聚会，其中一对情侣坐在沙发上，他们的双腿交叉在一起，把别人挡在了外面。这样的行为传递出这对情侣亲密无间、拒绝同其他人交流的信息。如果是一对不和的情侣或是两位陌生人坐在同一张沙发上，他们可能会各自盘腿，并且彼此之间保持距离。

如果你在采访时双腿交叉，受访者可能不会对你太过信任，因为这建立了一种肢体语言上的障碍。相反，身体微微前倾、双脚放平的姿势则更有可能向受访者释放出正面的信息。然而，如果你穿着裙子还叉开腿坐，那就有可能令人不适。在大多数文化中，在肢体接触方面男女都是有别的。与此同时，采访者也要注意受访者的肢体语言，注意对方传达出了什么信息。

复杂的是，在不同的国家和文化当中，同一肢体语言可能表达的是不同的信息。在中东和欧洲的某些文化中，谈话时双方的距离会很近，然而在美国等其他国家的文化中，谈话时双方一般会保持较大一些的距离。

在某些国家和文化中，同样的肢体语言会有截然不同的意义。微笑在不同情况下可能代表着不同的含义。比如，中国人犯错时可能会露出礼貌的微笑。在英国，"竖中指"的表达就与美国有所不同。在采访中，受访者可能会偷偷地或者无意识地使用肢体语言来向采访者表示不满。美国有位战俘就曾在一次被迫进行的宣传采访中用中指挠鼻子，以表达厌恶之情。世界各地人民惯用的肢体语言往往各有不同，但它们常常是同一类型的变体，传达的也并非完全不同的信息。

总的来说，肢体语言可以被视为不同文化之间的通用语言。虽然微笑在不同情况下可能有不同的含义，但大多数微笑代表的依然是友好的问候和愉快的心情。鞠躬的具体意义虽然也有别，但其基本含义和所传递的信息在多数文化当中都是相通的。同样，一般来说，摇头表示否定，点头则表示肯定。

倾听的同时也需要注意肢体语言方面的表达。

🎤 采访中运用肢体语言的案例

> 例1：受访者坐姿前倾，在回答问题时总会快速眨眼、挠头以及摸头发。有时他们会靠在椅子上，双腿交叉。这其中的肢体语言传递的是什么信息？

在这一情况中，受访者似乎想要表现得真诚，但是他眨眼、挠头等行为却出卖了他。靠着椅子双腿交叉是一种防御性姿势，受访者可能在试图控制采访，或因为过度紧张而试图控制自己的情绪。

这时采访者可以暂停提问，微笑着询问对方是否不舒服或想不想喝水。同样，采访者也可以在继续采访前与对方闲聊，说说天气或其他的日常话题。

> 例2：采访在一位公司高管的办公室里进行，采访内容与其公司情况以及他们最近的财务亏损有关。他握了握采访者的手，靠在他的大办公椅上，并将双手放在脑后，双脚搭在办公桌上，请采访者坐在办公桌另一侧的椅子上。

这个人意图树立其优越的身份地位以掌控采访，他会试图主宰整段谈话。这有可能是因为他对公司的财务状况感到不安。

　　此时采访者可以保持站立姿态，不要马上就公司财务状况提出过于直率的问题，而是问一些带有关切意味的问题，这些问题可以围绕国家、地区经济的总体情况或是受访者所处行业的困难。

　　这位高管可能会再次邀请采访者坐下，但采访者应当尝试一直等到受访者将脚从桌子上拿下来后再就座。采访者可以通过站立的姿态从肢体语言方面向对方传递信息，要求对方对自己表示尊重：以站立的姿态向坐着的人说话是一种占支配地位的身体姿势。

　　　例3：在受访者回答了几个问题后，她开始盯着采访者看，脸变得通红。受访者将她的手包提至胸前，紧皱眉头。

　　这位受访者明显已经生气了，处于防御姿态，她在用手包保护自己。她并不认可这个问题，或者她没有如实回答。

　　　例4：采访者正在对两个人进行采访且没有与对方进行眼神接触。其中一位正在说话，另一位则摘下自己的眼镜擦拭。他们不停地向在做采访记录的助手看去，同时反复看表。采访者还不时靠在椅背上，在提问时用手挠鼻子或指着对方。

　　受访者觉得采访者注意力不集中，并且发现对方没有与自己进行眼神接触，因此不会信任采访者。反复看表、看助手以及擦拭眼镜都是受访者感到无聊的表现。采访者挠鼻子的动作则暗示其要提出一个诱导性的问题，而用手指着受访者则可以被理解为是在试图震慑对方。这位采访者表现得十分不专业，其所传递的也多为负面的肢体语言信息。

> 　　例5：采访者身体前倾，在提问或倾听时双臂张开，并且手掌向上。其任何动作都与受访者同步。采访者与对方保持友好的眼神接触，并且在倾听回答时会微笑或点头。

　　受访者在这样的环境中会感到放松自如，并认为采访者的行为是友好的。身体前倾并保持眼神接触的姿态表明采访者在认真倾听。友好的微笑、面部动作或是头部微倾体现了采访者正试图理解其听到的内容，并有可能继续提问以澄清某些疑惑。这位采访者的行为十分专业，其所传递的均为正面的、专业的信息。

　　肢体语言、手势和面部表情均有多种不同的变化。重要的是，在采访中采访者不要理所当然地得出武断的结论，而是要在倾听中寻找更多线索。不同的人在表达情感时有不同的方法，其中大部分人的情感表达都是在对父母模仿的过程中习得的。因此，一个人表达愤怒的行为在另一个人眼中可能是惧怕的表现。在不同的情境和其他动作的配合下，耸肩的动作可能会有多重含义。当接收到向某一方向看的要求时，不同的人会有不同的表达方式和肢体语言。家庭成员了解彼此之间的表达方式、动作姿态和肢体语言。他们能轻易地判断出某一家庭成员是高兴、伤心、感到受伤，还是在撒谎。朋友、夫妻以及同事之间也会互相学习对方肢体语言的表达方式。

肢体语言领域的专家帕梅拉·迈耶（Pamela Meyer）在她的演讲《如何辨别撒谎的人》（"How to Spot a Liar"）中写道，人类具有编织完美谎言的能力，而细致倾听则可以帮助人们辨别出老道的说谎者。迈耶同时提出，大多数人在撒谎的时候明显会露出马脚。比如：一些人在撒谎时无法控制面部肌肉的抽动或无意识地做出其他面部表情，这都是撒谎时无意识的面部动作或是肢体语言上的细微变化。

🎙 两种交流渠道

人类通过言语和非言语两种渠道进行交流。虽然往往交流双方都意识不到彼此传递的非言语信息，但是每一位谈话者都会受到这些信息的影响。有时候这种影响体现为微妙的信任感或不信任感、真诚或不真诚以及其他无法轻易用语言描述的"直觉"。一位优秀的采访者善于识别对方的非言语信息，后续会及时提出相关的问题，同时也会注意其自身非言语的表达。

姿势以及其他肢体语言也是传递非言语信息的有效工具。在默片时代，最优秀的默片演员要熟练掌握各种非言语表达技巧。这些技巧虽然不那么微妙，但是总能完成向观众传递信息的任务。直到今天，演员们依旧会在表演中用到各类非言语表达技巧。

非言语交流已经成为人与人之间一种非常重要的通用语言。平常可以留意在火车、地铁、公交车上的人们，留意处在遛狗、站立、坐着、工作或谈话等各种情境中的人们，并尝试识别他们所传递的非言语信息。

也有一些非言语信息是显而易见、不言自明的，这其中包括文身、身体艺术以及衣着打扮等。

采访的拍摄

许多采访并不包含拍摄环节，只进行录音。如果需要图像支持的话，往往会使用一系列静态的照片来配合音频采访素材。获取高品质的音频和拍摄优质的视频一样重要。

在为纪实类纪录片采访拍摄或录音时，拍摄团队要将一系列问题纳入考虑范围之中。

🎙 采访用途

如果采访片段是纪录片叙事的组成部分，那么采访中的主要问题和话题要精心设计，富有深度。在对专家或其他相关人士进行采访时，采访问题要做到切中要害，不能偏题。

🎙 采访如何融入叙事中

有些采访能够为故事添彩并与故事相匹配，还有些采访则可以用于证实或质疑来自其他采访的信息。

🎙 采访地点

　　事前选择合适的采访地点对于录制高品质的视频和音频来说有很大的帮助。如果条件允许的话，采访地点可以与采访主题相契合。比如，如果你准备拍摄一部有关某项运动的纪录片，则可以选择在进行相应比赛和训练的场馆里进行采访。

🎙 选择合适的灯光

　　在纪实类纪录片采访中，采访灯光应当尽量保持自然。创作者应当避免刻意布置采访现场，而是保持其原有的样子，并使用尽可能自然的照明创造合适的采访环境。有必要的话，可以补光来创造更好的曝光条件。

　　大多数采访环境并不需要额外的灯光。如果采访选择在演播室中进行，三点布光以及素色背景就能够满足拍摄需求，而且还可以避免让采访对象分心。

🎙 音频录制要求

　　采访地点决定了录制音频应使用的麦克风类型。一般来说，颈挂式麦克风可以胜任大多数采访环境。然而，采访中还存在其他情况。在没有时间给采访对象准备颈挂式麦克风的突发场景下，定向麦克风（或枪式麦克风）就能派上用场。在每个采访地点，创作者都应当进行大范围的环境声采集，以便后期剪辑使用。

🎤 采访人员数量

采访一个人与采访一群人之间有很大的区别。在群体采访中，如果每位受访者都单独佩戴麦克风的话，录音师则要同时处理多轨音频的输入；如果采访者使用长杆麦克风的话，工作人员则要在发言者之间来回移动麦克风，还要注意不能让麦克风入画。

举杆工作人员和录音师在采访现场调整长杆麦克风以对准受访人

🎤 采访取景需求

创作者可以使用多种方法为纪录片拍摄采访。最常见的布景方式是让不出镜的采访者站立或坐在摄像机旁边，与采访对象交谈。受访者要看着对方，而不是镜头。

下图展示了两种就座情况下的基本采访布景方式，以下方式也可以用于双方在外部场地处在移动中的采访场景。

当采访者坐在靠近摄像机的左侧并平视对方时，受访者也会相应看向画左，而不是直视镜头。

采访时采访者应当尽量靠近摄像机以保证受访者的目光不会太过偏向画面边缘

采访者不会出现在画面中，剪辑后的正片也不包含提问环节，以呈现第一人称的叙事感，这会让观众有身临其境的感觉

采访双方应当同时保持坐姿或站姿。如果采访者保持站立而受访者是坐着的话，后者必须仰视对方，影像中出现这样的姿势会建立一种居高临下的视角。同样，两者对调的情况也是如此。

在上述场景中，掌机应使用近景来拍摄受访者。为保证镜头的衔接和连贯，创作者可以选择将受访者置于画面中间或微微偏离。

同理，当采访者的位置靠近摄像机的右侧并平视对方时，受访者也会相应看向右侧，同样不会直视镜头。

采访者坐在摄像机右侧

在上述场景中，掌机也应使用近景拍摄受访者。

如果采访者的位置离摄像机太远，受访者的目光会显得远离镜头，造成他们在看向屏幕之外，跟画外的人交流的错觉。

近景拍摄

受访者目光偏离

现场可能有其他团队同时在采访，彼此要相互尊重

采访现场

这一章旨在为在各种情景下进行的采访提供基础的指导。大多数纪实类纪录片的采访都发生在外景而不是演播室内。采访地点会因为采访类型而大有不同。

🎤 在家中采访

一定确保受访者知道要进
行拍摄的计划，并务必提前与
对方确定好具体的时间。采访
者要做到善待对方的房子或工
作区域，在采访工作结束后一
定要恢复原样。工作人员要快
速安静地布置场地，并将设备
存放在不用的房间里，或是直
接放在屋外。

征求受访者的意见，选择一个让他们
感觉最舒服的区域

选择受访者觉得舒适的区域进行采访，可以在客厅，
也可以在厨房。保证受访者的舒适很重要，但是拍摄团队
也要提前检查来自家用电器、室外以及周围交通噪声的影
响。在经过这些准备后，再选出舒适度最高、声音环境最
好、光线最理想的采访位置。

🎤 在办公场所采访

如果采访必须要在办公室进行的话，尽量避免背对窗户逆光拍摄。如果条件允许的话，拉上窗帘并使用人工灯光。

将窗户射入的光作为主光源来使用

如果拍摄无法避开窗户射入的光线，则尽量将其作为主光源来使用。这种情景下，受访者的位置往往要重新进行调整。掌机可以尝试反射室外光以平衡主副光的比例。如果受访者斜着背对窗户的话，窗外光线可提供背光。

如果可以的话，将采访安排在相对安静的会议室或者其他可以打光的房间。如果对方允许，拍摄团队应当提前到对方的工作场所进行实地考察。

🎤 在拥挤的室内采访

在很多情况下，小房间、活动场地或会议场所都会人满为患。采访团队很可能要经过长时间的排队才能与其目标人物进行短暂的会面。作为纪录片团队的核心，你肯定会带领掌机和录音师等人员挤入会场。在"僧多粥少"的情景下，你要学会果断行事。这并不意味着你可以粗鲁地推搡同行以占得先机，而是要把握时机进行发问。在这种环境下，大家通常不会安心排队等候，所以你要找到自己可以开口提问的有利位置；与此同时，要提前准备好自己的下一个问题或后续的提问。保证提问简短明确，不要浪费对方的时间。

当在室内穿梭寻找采访机会时，要兼顾视线和拍摄。拍一个拥挤的室内、派对现场或其他受访者可能聚集的场景的定场镜头，能很好地帮助你设置机位。同时，对室内其他人进行的拍摄也可以作为后期剪辑的切出素材。要让观众感受到自己和受访者处在同一环境当中。

🔍 活动现场的采访

采访时尽量不要影响活动进程，而是融入其他媒体队伍中，不要影响其他报道活动的记者。与此同时，要保持敏锐的目光，寻找拍摄和提问的时机。

在大型活动现场，创作者很难在从各个角度拍摄采访的同时进行布光工作。不过，创作者可以提前在活动现场的站台或其他受访者会出席的位置布光。

在活动现场采访

在采访的同时为纪录片拍摄素材需要工作人员做到行动敏捷且计划周全，采访提问可以结合一些活动现场的内容。

比如，假设是在一场集会或交易会上采访展览者，如果能够在其展柜前或摊位内进行采访的话，创作者可以把握此绝佳机会，在采访时拍摄他们的展品。

🎤 白天在室外采访

尽量不要让受访者背对太阳进行拍摄，同时可以使用反光板来照亮阴影处。尽量让麦克风靠近受访者，但不要让其入画。最理想的采访用麦克风是颈挂式麦克风，但是这种麦克风要求受访者必须时刻佩戴，因此不适用于街头采访。录音师最理想的设备是长杆麦克风或枪式麦克风，这类手持麦克风可以录入大范围的环境音。在进行采访前，工作人员应当进行设备查验以保证达到最佳收音效果。

🎤 夜晚在室外采访

夜晚在室外采访需要进行特殊的规划和便携式照明。在大多数城市场景中，路灯和其他环境光都可以充当光源。商店橱窗的灯光也可以提供足够的照明，以便看清受访者的脸。

就照明而言，夜晚在室外进行采访是相当困难的。有时采访者很难在室外找到电源或携带足够的蓄电池便于照明使用。除非只需要音频资料，否则在黑暗中拍摄采访并不可取。采访时要寻找有足够环境光的位置，确保受访

室外夜晚典型场景

者得到足够的曝光，或者使用便携的小型照明设备作为补充。掌机需要针对路灯、场馆灯、橱窗灯以及其他灯光调节白平衡。务必要让受访者站在光线足以照亮脸的地方。

🎤 采访授权书

在大多数公共场合以及活动现场，由于受访者已经同意面对镜头回答问题，因此并不一定非要让对方签署授权书。然而，在正式进行采访后，采访者最好还是让受访者签署有关文件，这些文件应该包含的信息详见下页。

纪录片采访授权书

拍摄时间：

纪录片名或项目名（暂定名）：（"某某纪录片"）

参与者姓名：

制片人/制片方：（"某某制片人"）

拍摄地点：

我在此授权制片人记录此次采访，并将我的姓名、肖像、照片、声音和相关片段等素材用作该纪录片及其相关片段的剪辑制作。我同意该纪录片将由制片人使用以上所有或部分素材进行剪辑或更改，并在全世界范围内可部分或全部用于广播、非广播、音/视频或展示等。

制片人可以使用并授权他人使用以上所有或部分素材。制片人、其权利继承人以及财产受让人享有该素材（包括录音）的所有权、署名权以及包括版权在内的其他权益，各项权益均由制片人自行决定如何使用或处置。

受访者签名：

邮编、省份、城市、地址：

电话：

对街边路人的采访应当保持简短，控制在几个问题以内。不要花过多时间筛选采访对象，街边路人一般都是要赶往某地，所以不要耽误他们的时间。与对方以交流的方式展开采访，并在进行提问后自报家门。不要花时间询问对方是否可以接受提问，而是直接问问题，如果对方选择回答，显然他是愿意接受提问的。

举例如下。

采访者："您认为全球变暖的原因是什么？"

受访者："我不是很确定……问这个做什么？"

采访者："我们正在制作一部纪录片，因此想询问一下您对全球变暖有什么了解？"

受访者："这样啊，我知道由于冰川融化，海平面正在逐渐上升。"

采访者："您认为冰川融化的原因是什么，是自然现象还是人类活动造成的？"

🔑 在运行的交通工具上采访

在乘坐交通工具的途中进行采访，要为受访者和掌机找到舒适的位置，并找到可以稳定进行手持拍摄的机位。首先推荐使用颈挂式麦克风，不行的话可以使用枪式麦克风，这两种麦克风都可以减少对交通工具行驶过程中产生的噪声的收录，有较高的信噪比。由于拥堵、发动

在豪华轿车内进行采访

机或其他噪声，录音师可能无法获得高质量的音频素材，所以最理想的还是到其他场所进行采访。另外，在小型车内布光可能是比较棘手的问题，灯具也许根本塞不进去，借助窗外的光或者使用电池供电的便携式灯具也许能有帮助。

🎤 在棚内采访

在棚内采访一般采用素色背景，不使用任何会形成干扰的道具；一般使用高调照明（主副光比为 2∶1 或 3∶1）。录制现场可以在演播室或其他任何空间内搭建。此时布光不仅对受访者十分重要，对于其他会出镜的事物来说也必不可少。布光到位的场景会为采访创造一种基调和风格。在纪录片中，录制现场既要保持美观，还要与纪录片其他的采访和情节相契合。在非直播的情况下，需要在剪辑阶段给素材添加受访者的名字和头衔。

在一般的采访惯例中，受访者要看着采访者，而不是镜头。这有助于将观众带入到故事中，并且让观众产生观察和参与其中的感受。

如果受访者直视镜头，观众则会感觉屏幕前的人正在直接对他们说话，而自己则像坐在观众席或家中。受访者直视镜头的形式更适合新闻报道或脱口秀。

在录制现场架多台摄影机采访

🎤 地点选择

采访环境的选择会为采访本身加上一层主观效果，同时也能将受访者的回答落实到语境当中。如果可以的话，采访最好在能够唤起受访者情绪的环境内进行。

比如，就商店运营问题对商店经理进行采访时，采访地点可以选在商店或是这位经理的办公室里。无论选哪种场景进行采访，最好在拍摄采访的同时捕捉一些顾客、员工或经理的镜头。

不过，如果经理谈的是他在管理商店方面所扮演的角色的话，在店里进行拍摄会在视觉上更有趣。如果有经理与员工之间互动的素材也很好。如果在办公室进行采访，可以在后期将采访与店里的其他镜头进行结合。

　　下面这张照片中武僧（少林寺武僧总教头释延庄）的姿势和下页的镜头能告诉我们他对采访有什么感受？他是在耐心地等待剧组人员做好准备，还是有点紧张？从他的姿势中我们能看出什么？

　　上图中，吊杆操作员必须让麦克风尽可能靠近被摄主体，同时还要确保麦克风在画框外。重要的是要同受访者一起进行音量测试，以获得最佳收音效果。采访者要靠近被摄主体，提出问题，创造一种交谈的氛围。吊杆操作员可以通过靠近采访者和摄像机来获得更好的角

度。在实际情况下，吊杆操作员会在掌机附近操作。

　　图中戴白色帽子的女士将采访武僧。她可以移到摄像机旁边，这样武僧面向她讲话时正好对着镜头。她也可以在镜头的另一侧进行采访，这能创造一种交叉的构图。武僧说话时会对着采访者，而不是摄像机。

很多在演播室内拍摄的采访都是在绿幕前完成的。在后期制作中，
工作人员会用照片、图片或是视频来代替原始画面中的绿幕

团队职责

在纪录片采访中，导演/采访者、掌机和录音师之间必须配合默契。三者都必须认真倾听受访者的回答。

采访的环境各有不同，目的也有区别。这意味着团队人数和职责也会因此有所变化。

🎤 电视演播室采访

电视演播室采访会有一位记者或主持人提问。现场有可能会有多部摄像机，由头戴耳机的工作人员负责操作。现场拍摄由控制室内的技术总监负责指挥调度，他会从高处俯瞰现场的互动。

绿幕前的采访

多机位现场采访

电视演播室经常在采访时使用绿幕。在播出时，绿幕会被替换成播放的背景视频、照片或是其他图像。

🎤 纪录片采访

纪录片采访一般由导演负责，直接参与采访活动的团队成员有导演、摄影指导／掌机以及录音师。掌机可以携带一位助手，录音师也可以找助理来操作长杆麦克风。但是由于经费限制，在没有外界帮助的情况下，许多纪录片的采访团队往往只由导演、掌机和录音师三人构成。

录音师／收音员、掌机、导演／采访者和受访者

导演要与掌机商定如何对采访进行拍摄。如果导演同时也是采访者的话，他便无法在采访过程中指挥拍摄工作。因此，导演要提前向掌机明确表达自己想要哪些角度和景别的镜头。

因此掌机要决定在采访过程中分别使用多大景别的镜头进行拍摄。摄像机可以选择手持或置于三脚架上，但无论如何，掌机都不会从头到尾只采用单一景别的镜头。由于采访者不会出现在镜头内且提问环节会在后期被剪掉，所以掌机可以在采访者提问时调整景别。多样化的景别可以为后期剪辑带来更大的发挥空间。

掌机也要注意倾听采访内容，密切关注受访者。比如，如果在使用特写镜头时，受访者开始用手臂或双手来表达观点，那么掌机必须用一个景别更大的镜头来捕捉受访者的肢体动作。

掌机要对受访者的手势进行捕捉

假设掌机正在用中景镜头拍摄，而受访者有一些面部表情，或者突然开始哭泣，那就需要推近镜头给对方脸部特写。不仅如此，掌机还需要对机器进行微调以降低受访者移动对画面的影响。

纪录片掌机的职责在于配合导演达到后者心目中理想的采访效果以及纪录片的整体呈现。

导演还要与摄影指导商量布光事宜。在许多纪录片采访中，主灯光要与辅助光配合使用，还有一些采访环境甚至需要额外布光。然而，在大多数情况下，纪实类纪录片采访的首选是用现场的照明，而不是额外布光。

音频录制

从专业角度讲，混音师和吊杆操作员是两个工种。混音师和吊杆操作员的工作通常在小型纪录片或电子新闻采集小组进行，他们会带着至少有三个 XLR 音频输入口的输入设备。根据

可以建议受访者佩戴麦克风

Zoom F6-6 多声道现场录音机

Zoom F6-6 内置在便携包中，供吊杆操作员 / 混音师使用

安装在三脚架上的 Zoom F6-6

要求，有一个输入口用于吊杆麦克风，其余的用于领夹式麦克风。像 Zoom F6-6 输入多声道现场录音机这样的录音 – 混音机，体积小，重量轻，有专业的规格。像 Zoom H5 这样的录音设备在小体积的录音机中内置了高质量的麦克风，还至少配备有两个 XLR 输入口。在某些情况下，手持枪式麦克风（定向麦克风）是一个很好的选择。当无法使用领夹式麦克风时，可以用带有定向麦克风的吊杆。混音师 / 录音师必须根据受采人数和地点来决定选用哪种麦克风，以及如何针对一个或多个受访者收音。采访中最常用到的是无线领夹式麦克风。

采访前应该进行收音测试来检查音量，并确保每个受访者都正常收音。收听录制的声音而非观察传入的信号是确保采访有被录制下来的最佳方法。即使采访使用手语，对环境进行收音也是必要的。

🔍 摄像设备

纪录片制作可以选择多种摄像设备，从苹果手机到更复杂的电视电影设备皆可使用。如今的新型摄像机已经可以更换镜头，并且可以在拍摄视频的同时录制音频。对于许多独立纪录片创作者来说，单反相机兼具便携性与高品质影像输出两大优点。

最好不要使用相机自带的麦克风来录制采访音频。由于离机身过近，相机麦克风会录下相机工作和镜头对焦的噪声。现在大多数单反相机都可以外接麦克风。在进行拍摄时，相机的各种自动增益控制都应当切换至手动操作来完成，否则它会主动调整音量来寻找输入的声音，以至于在采访谈话的间隙会有很明显的环境噪声。

使用单反相机拍摄纪录片可参考：http://www.jrmartinmedia.com/director/making–a–short–documentary–by–jim–martin/。

DOGGIE DERBY DAY

保全镜头

电影需要由情节和运动来表现，但是采访跟只有对话的剧情片相似，都比较静态。只有对话而没有动作会让故事节奏慢下来。无论一部纪录片的采访环节有多么出彩，其内容归根结底不过是几个"不停在说话的脑袋"。理想状态是用不同景别从同一个角度对采访对象进行拍摄，但在采访对象身上使用第二个机位通常是不必要的，效果也不理想，因为它是从侧面拍摄采访对象的，看起来会更像是"不停在说话的脑袋（或耳朵？）"。在纪实类纪录片中，也不会使用采访者的提问镜头。

🔑 何为保全镜头？

保全镜头（coverage）指的是与采访主题直接相关或直接展现采访环境的镜头。这类镜头中应当包含可以用来后期剪辑的环境音。

保全镜头的内容形式各有不同。比如在对医疗行业人士进行采访时，其保全镜头可以包含受访者在医院巡视或是会诊的画面。如果采访谈到医生的个人生活、喜好或娱乐，保全镜头可以是包含这类活动的片段。第二种保全镜头是指在采访过程中拍摄的附加镜头。如果采访在医生的办公室内进行，包含其陈列的学位证书、照片、器材设备等物品的镜头，均可被用在后期剪辑中以丰富叙事。

🔑 B 卷素材——事件／反应以及切出镜头素材

附加镜头可以用来补充采访内容、展示采访环境或是增加补充事件，就像电视拍摄中的"B 卷素材"一样。这一影视术语一般指代用以补充采访以及相关事件的保全镜头之外的素材。某些影片镜头会以事件的场景为主，而采访声音则作为旁白。切出镜头指的是从主要场景切到其他场景的镜头，包括其他人对受访者当前回答的反应镜头，等等。

在一部纪录片中，B卷素材的功能不仅仅是为后期剪辑提供切出镜头素材，同时还要起到丰富叙事、突出或澄清旁白或者采访内容的作用。条件允许时，保全素材或B卷素材提供的镜头应当有同步的环境音。

🔍 镜头类型

围绕主题或采访对象开始拍摄，首先，简单拍摄受访者倾听采访者提问或双手叠放在腿上的镜头可能很有用。如果受访者不止一位，那么拍摄其他正在倾听或有所反应的受访者也可以。这种类型的拍摄只需要一台摄像机即可完成。掌机可在采访者提问时操作摄像机慢慢扫过其他受访者，随后在第一位受访者开始回答问题时再转回镜头。这样一来，采访全程都可以完整地录制下来。除此之外，可以在受访者开始回答时摇摄回受访者身上，给保全素材增添一些运动感。如果现场有观众或是其他人正在观看采访，拍摄他们的反应镜头是一个不错的选择。观众镜头通常在采访开始前就可以拍摄，但是掌机也可以在观众鼓掌时进行扫拍。如果现场还有第二台摄像机，则可以用它来拍摄一些观众反应的镜头。

之后要拍摄采访现场环境的保全镜头。这类镜头可以包括能涵盖采访发生地的外景。假设采访在餐厅或者酒吧进行，外景和内景镜头都可以成为有用的 B 卷素材。试着拍一些包含运动的镜头，比如从室外拍摄顾客进入餐厅的镜头，或者进行摇摄，拍餐厅门口和餐厅内部的活动。

🎤 保全素材、B 卷素材以及采访布置

为了拍下面这部纪实类纪录短片，创作者对鲍德温公园（Baldwin Park）狗狗竞速比赛的组织者和参赛者进行了采访。其保全素材包括对活动布置和每位受访者相关活动的拍摄，以及提前计划好的对比赛的拍摄。在采访结束后，掌机有可能需要拍摄一些附加镜头以用来展示受访者所描述的内容。

开场之后，伴随活动和人群的建立镜头，闪出字幕。

这一段事件的镜头同样用在开头，以营造现场活动气氛并吸引观众。

在开头过后是对组织活动的夫妻二人的采访。

影片故事还包含了每个组别人们赛狗的镜头。

在采访开始前拍摄受访者参加比赛的画面。

在自己的狗狗最后奔向终点时，狗狗主人的反应。

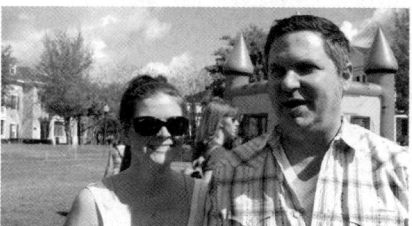

采访成绩不佳的狗狗主人："发生了什么？为什么你的狗今年表现不佳？"

🔍 对狗狗比赛参赛者的采访

这里以狗狗纪录片中简单事件的镜头、B卷素材和切出镜头的应用为例。完整纪录短片可通过以下链接观看：http://www.youtube.com/watch?v=5zXkhNdNNhM。

事件镜头——比赛结束后的主人与狗。

静态照片可以单张或多张组合后剪辑在影片中。

切到一位女主人正在给她的狗喂食奖励的镜头。

现场拥挤的人群体现了活动的受欢迎程度。还可以加一些人们观看比赛和欢呼的画面。

　　除了倾听受访者外，采访者也要关注人群中的反应和事件本身。现场其他人的心情如何？他们玩得开心吗？他们很在乎比赛的输赢吗？采访者要做到耳听八方，也许会有些新问题出现，可以通过视觉呈现和额外的采访得到答案。

🎙 邦蒂号采访

　　英国皇家海军邦蒂号是一艘于 1962 年搭建的复制品，最初是为拍摄电影《叛舰喋血记》(*Mutiny on the Bounty*)

英国皇家海军邦蒂号大副安迪·贾格尔，摄于佛罗里达州圣彼得

而打造，随后又在其他电影中出现数次。邦蒂号在 2012 年返回佛罗里达州时遭遇飓风"桑迪"（Sandy）并失事，当时的邦蒂号大副安迪·贾格尔正在佛罗里达州等待登船。以下采访是在邦蒂号失事几年前拍摄完成的。

　　此次的采访保留了一部分采访者提问的镜头。安迪·贾格尔是唯一的受访者，这次采访后来被用于一部关于邦蒂号的纪录短片中。

　　采访过程中，我们一行人还拍摄了一些附加镜头以方便后期制作，这些镜头体现了保全素材和 B 卷素材在采访剪辑时的重要性。

采访者：安迪，给我们讲讲邦蒂号还有你的工作吧。

安迪：我叫安迪·贾格尔，是英国皇家海军邦蒂号的大副……

采访者：这是一艘什么样的船？

安迪：如今邦蒂号——（镜头从安迪溶变至船员）

是一艘航海训练船……

采访者：邦蒂号船身有多长？

安迪：官方数据说甲板有37米长……

……从船最前面算到最后端的话……

则有55米。

桅杆大约有 7 米高。

在接下来的片段中，一些提问环节都被剪掉了。安迪的镜头也被替换为他所描述的船只的镜头。可通过以下链接观看全片：http://www.jrmartinmedia.com/documentary/histori-cal-review-hms-bounty/。

附加的保全镜头中有一些展现邦蒂号全身的画面。

这段采访拍摄的另一特点是采访工作并不是一气呵成的。在采访中，受访者走到船只的不同位置来回答和解释相关问题。

插入镜头和切出镜头对剪辑师剪辑采访很有帮助，镜头来回切换可以解决创意上的问题。图中这组镜头来自获奖纪录短片《一号演播室——一位 DJ 的简介》，主演为约翰·兰德克尔。可通过以下链接观看：https://www.youtube.com/watch?v=3ZTrSr-Dfuw

采访剪辑原则

剪辑是一项富有创造性的工作。影片的故事要通过剪辑才能最终成形。这需要剪辑师反复回看和分析采访并将其与整体故事线相衔接。

🔍 转写采访

拍摄一完成，采访内容便需要经过转写，以构建可以为纪录片所使用的第一人称叙事。所有的提问内容都会被去除，只保留受访者的回答。转写一般指采访的文字记录，这份记录要经过仔细研读，同时还需要对要使用的段落或句子进行标记。标记内容要编号并添加到剪辑脚本中。

在转写完成后，创作者要仔细阅读文字内容以筛选出最简洁的回答，并且找到对受访者所说内容进行叙述的最佳方式。这一工作有时需要将采访片段重新排列，在剪辑时也要注意避免歪曲受访者所表达的意思或者断章取义。这些做法都是违反职业道德的行为，而且观众轻易就能察觉其中的猫腻。

转写采访并制作剪辑脚本能够帮助剪辑师找到该怎么讲故事的答案。使用纸质材料有时能够让创作者从受访者冗长的回答中挖掘出对方潜在的想法。

在节选好采访片段后，创作者要撰写剪辑脚本并将所有素材有序排列。这时我们并不需要太过担心影片如何从一个镜头切换至另一个镜头，因为我们会使用事件镜头、B 卷素材以及其他素材来衔接采访镜头。如果在撰写中还有其他剪辑设想，都可以加入剪辑脚本中。

🎙 制作剪辑脚本

由于影片主题和拍摄风格不同，纪录片和非虚构影片的脚本在形式和细节上也各有不同。如果采访主题的走向是可预测的，并且发生在一个特定的环境中，又或者有规律可循，那么脚本内容应该涵盖以下三个方面。

🎙 事件、采访以及 B 卷素材

比如，一部有关餐厅老板的纪录片要在餐厅进行实地拍摄，那么在拍摄前进行实地考察工作则要事先写好脚本。也许拍摄工作需要从室外开始，随后转移到后厨，拍工作人员准备早餐的画面。

分镜头脚本要详细说明如何拍摄员工、厨房的画面以及在此期间的采访问什么问题。脚本中相关主题保全素材的拍摄计划越丰富，后期剪辑上发挥的空间就越大。

纪录片或其他非虚构项目的剪辑脚本和分镜头脚本看起来并无明显区别。两者都是用多栏格式，开始分为两栏，一栏列画面信息，另一栏列声音信息。附加栏可用于添加故事板或其他信息。其他栏一般会包括镜头编号以及镜头长短等信息。

多栏脚本制作可以使用 Microsoft Word 中的表格功能轻易实现。使用表格功能可以保证每一行的单元格同时展开，确保画面信息和对应的声音信息处在同一行。

🔑 多栏脚本示例

分镜头脚本

镜头	画面	时长	声音
1	特写　农夫的脸	0:05	环境音　采访画外音
2	远景　农夫走向谷仓	0:07	环境音　采访画外音
3	中景　农夫鲍勃·朗维尔站在一排奶牛旁边	0:10	采访继续：对问题"你为何当上了一名奶农？"进行回答
4			

在拍摄结束后，创作者需要根据实际拍摄素材和其他情况撰写剪辑脚本。比如，脚本中可以添加农夫走向谷仓的 B 卷素材作为补充画面。

有时候，创作者由于无法预测拍摄进程，所以无法撰写具体的分镜头脚本。然而，创作者仍然可以根据自

己对保全素材的拍摄意愿来制作包括填充画面、拍摄角
度和采访等信息在内的粗略分镜头脚本。在拍摄结束后，
将对拍摄素材进行保存并根据实际的剪辑脚本进行后期
制作。

下面是剪辑脚本的简易示例。

🎤 剪辑脚本示例

剪辑脚本

镜头	画面	时长	声音
1	特写　农夫的脸	0:05	环境音　采访画外音。"我从未考虑过这个问题，我父亲就是一位奶农，我的爷爷也是如此……"
2	远景　农夫走向谷仓	0:07	环境音　采访画外音。"……我估计这是我们家世代相传的手艺吧。"
2A	特写　拖拉机	0:03	环境音　农夫走动的声音
2B	特写　农夫打开大门	0:04	环境音　大门打开的声音
3	中景　农夫鲍勃·朗维尔站在一排奶牛旁边。	0:10	采访继续：对问题进行回答，你为何当上了一名奶农？"我们现在拥有100头牛……"
4			

若想了解有关撰写剪辑脚本及分镜头脚本的内容，可通过以下链接观看视频作品《如何撰写非虚构作品的分镜头及剪辑脚本》，见 https://www.youtube.com/watch?v=vCApfQOglZs。

🎙 剪辑脚本要求

剪辑脚本是开始剪辑工作的指南。按剪辑脚本衔接镜头可能会出现一些问题。拆分受访者说的话可能很困难，因为对方说话的方式、呼吸声、受访环境声、与麦克风的距离以及将不同片段连接在一起的要求等因素都会产生影响。这就是足够的保全镜头和良好的镜头选择至关重要的原因。在导演／采访者提问的时候，掌机可以通过改变景别，这种简单的技巧让剪辑师在后期有机会在不同片段间进行匹配。

剪辑应当让整体叙事变得更加紧密和流畅，而切出镜头可以用来为故事添加相关的视觉信息。如果受访者正在谈论其生活经历，而此时画面上却出现了一个用来掩盖素材缺陷的挂钟的镜头，这会让观众感到困惑。钟表和受访者的生活有何联系？但是如果我们转而使用受访者小时候的照片来作为衔接的素材，便能对采访起到补充作用。如果长时间都是采访画面，观众们会很快感到厌倦。在受访者富有情感地讲述的同时，利用切出和切入镜头，对于叙事来说会很有帮助。

有时，采访片段中会插入相关事件的镜头以起到解释说明的作用。在这一片段的最后，要将画面切回受访者作为结尾。这样的设计可以让这个采访片段闭合。

如果剪辑师面对的是同多个人物同时进行采访的素材的话，可以通过建立视觉上的连接来在两个或多个采访对象间切换。

比如一群人围坐在会议桌前进行群访的情景。第一个镜头为大家坐在一起的画面，随后使用特写镜头拍摄说话的人，接着画面切到正在听别人发言的人。此时画面表现的可以是倾听的人的反应，也可以是其他人。

剪辑是一个富有创造性的过程，也是一个解决问题的过程。剪辑师要使用现实素材、采访、档案记录、照片以及 B 卷素材来组成一个完整的故事。这就像拼图一样，既复杂又充满了挑战，每一次完成一块新的拼图都会让人觉得满足。

🔑 在剪辑时移除提问环节

移除提问环节需要使用剪辑软件同时对音画两类内容进行编辑。剪辑师可以使用软件将有用的回答部分加入其他时间轴或文件中。大多数情况下，剪辑师都希望自己剪

		移除提问音轨		X	回答音轨	音轨		
		移除提问画面		X	受访画面	画面		

通过移除提问环节来构建第一人称叙事，同时对受访者的画面和声音进行编辑

辑的那部分素材包含他所需的采访内容。

以下插图展示了如何使用附加镜头、事件镜头或 B 卷素材来剪辑采访片段的技巧。有多种替代性方案可供选择。

在第一幅插图中，首先对采访的视频和音频进行剪辑。随后在某一时刻插入 B 卷素材、图片以及其他音频。B 卷素材将会替代受访者的镜头，但是受访者的声音仍将保留，这样播放 B 卷素材的同时观众听到的是受访者的声音。B 卷素材的环境音也不会被移除，而是隐藏于采访的画外音之下，这对于提升画面的现实感及美感都有所帮助。如果要加入照片或插图的话，则可以插入一条新的轨道。

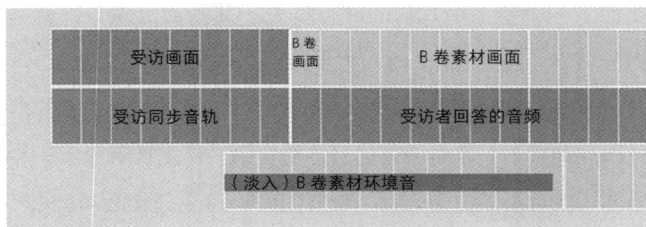

受访画面	B卷画面	B 卷素材画面
受访同步音轨		受访者回答的音频
	（淡入）B 卷素材环境音	

采访进行的过程中插入 B 卷素材

下面这幅插图展现了如何在上一步的基础上切回采访画面。B 卷素材的声音可以在画面切回采访之后逐渐淡出，

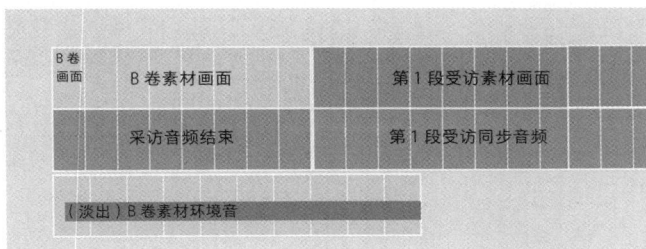

B卷画面	B 卷素材画面	第 1 段受访素材画面
	采访音频结束	第 1 段受访同步音频
（淡出）B 卷素材环境音		

B 卷素材切出到采访画面

以避免过于突兀。

　　使用这种方式，剪辑师可以将任意数量的采访片段和
B 卷素材拼接在一起，便于删除提问部分，也利于编辑采
访、消除停顿或让回答更加紧凑。

🔍 拆分剪辑

　　如果出于某些原因而需要在受访人物之间来回切换镜
头的话，也是可行的，比如为了让相反的观点对立起来。
但是在许多情况下，镜头的切换需要更流畅地完成，这就
要让下一个镜头中人物的声音略先于其画面出现。这就是
拆分剪辑（split edit）的一种形式。

　　比如，在第一位受访者说完话之后，第二位受访者的声
音要立刻接上。此时画面仍然停留在第一位受访者身上，然
后才切换至第二位受访者，在剪切前听到第二位受访者的声
音，可以促进后续画面的结合，让过渡变得更加平滑。

　　第二种类型的拆分剪辑是使用 B 卷素材、事件镜头或
其他素材实现从一位受访者到另一位受访者的过渡。

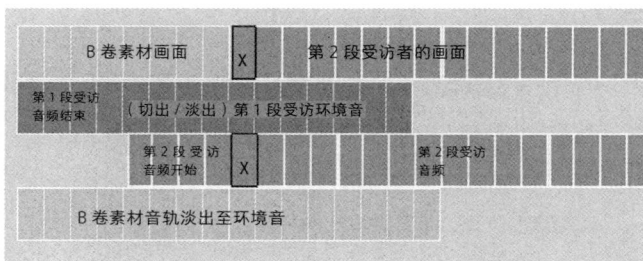

拆分剪辑

比如，画面是一些事件片段，第一位受访者的声音以旁白出现，接着停了下来，旁白成了第二位受访者的声音，直到切至其他内容。

叙述方式

采访可以有多种使用方式，可以作为和画面中新出现的事件片段并列的叙述，采访所谈内容可以是画面中出现的事物，也可以是其他还未看到或听到的事物。采访可以是第一人称叙述，也可以是第三人称叙述。第一人称叙述来自受访者或与主题有直接关联的人物，第三人称叙述则来自没有直接参与的旁观者，通常是靠预先设计好的脚本来讲述的。

在纪实类纪录片的采访中，受访者的回答一般会用于构建叙事。而构建具有开头、中间和结尾的完整叙事的一种方法便是对采访进行文字转写。创作者应当反复回顾文字记录以寻找可以用来讲故事的关键内容。下一步则是根据受访者的回答撰写剪辑脚本。采访本身构成了故事的基本框架，而采访的某些部分又会被直接用于正片，其他部分则会作为画外音配合其他事件。

通过分析采访和事件撰写出的剪辑脚本，创作者在剪辑工作开始前就能勾勒出故事的大致结构。由于在剪辑中会出现各种各样的新问题和新想法，所以最终成片并不一定会照搬剪辑脚本的设计。然而，提前计划总比匆忙拼在一起要好。

附录 1　纪录片推荐片单

这份简短的片单涵盖了多种非虚构类型的纪录片。这份片单可以拿来研究和学习非虚构叙述中采访的技巧及方法。这些影片风格多样，拍摄手法各有不同。另外，读者们可访问 JRMartinmedia.com 查看这些纪录片的预告片和影评。

《难以忽视的真相》(*An Inconvenient Truth*，2006)

片长 96 分钟，由戴维斯·古根海姆（Davis Guggenheim）执导，派拉蒙经典影业（Paramount Classics Film）出品。美国前副总统艾伯特·戈尔（Albert Gore）担任旁白，他在此片中以开阔的视野和令人信服的口吻讲述了有关全球变暖以及未来地球的观点。影片主要采用戈尔担任副总统期间开展全国巡回演讲时所使用的图表和幻灯片资料。

《戏梦芭蕾》(*Ballets Russes*，2005)

片长 118 分钟，由戴娜·戈德芬（Dayna Goldfine）和丹尼尔·盖勒（Daniel Geller）执导，Zeitgeist Video 出品。这部感人的纪录片融合了历史影像资料、采访片段和档案资料，以触动人心的方式记录了俄罗斯芭蕾舞团众人从巴黎出道到在世界各地巡演的成名之路。

《别回头》（1967）

片长 96 分钟，由彭尼贝克执导，Docu Rama 出品。影片记录了鲍勃·迪伦于 1965 年在英国长达一周的巡演。在这部真实电影或直接电影中，我们能看到琼·贝兹（Joan Baez）、艾伦·普莱斯（Alan Price）、阿尔伯特·格罗斯曼（Albert Grossman）和多诺万（Donavan）等人的身影。这部影片基本采用了一种"墙上的苍蝇"的风格。片中有一个著名的片段，记录了鲍勃·迪伦在面对《时代》杂志记者采访时反客为主，对该记者进行提问的精彩瞬间。

《科伦拜校园事件》（*Bowling for Columbine*，2002）

片长 119 分钟，由迈克尔·摩尔（Michael Moore）执导，米高梅影业出品。该片于 2002 年获得奥斯卡最佳纪录片奖，以深刻幽默的风格严肃剖析了美国的枪支文化。迈克尔·摩尔在片中担任采访者以及旁白，该片将其独特的电影风格展现得淋漓尽致。

《乐士浮生录》（*Buena Vista Social Club*，1999）

片长 90 分钟，由维姆·文德斯（Wim Wenders）执导，Road Movies、索尼和 Artisian 联合出品，西班牙语对白，英文字幕。该片带着观众一路从古巴哈瓦那街区走进纽约的卡内基音乐厅，又来到阿姆斯特丹，体味精彩的故事和原汁原味的古巴音乐。在影片中，第一人称的采访内容参与构建了叙事。

《布什的脑袋》（*Bush's Brain*，2004）

片长 80 分钟，由约瑟夫·米利（Joseph Mealey）和迈克尔·舒布（Michael Shoob）执导，Tartan Video、TLA Releasing

及 Color 出品。该片记录了卡尔·罗夫（Karl Rove）带领布什竞选团队走向胜利的过程，同时还深入探讨了罗夫对美国执政和外交政策的影响。

《芝加哥 10》(*Chicago 10*，2007)

　　片长 90 分钟，由布雷特·摩根（Brett Morgen）执导，C7 Films Inc 和 Participant 出品。影片曾于 2007 年在圣丹斯电影节"开幕之夜"上首演，是一部混合了包括影像资料、照片和带有动画场景的采访片段等多种内容的纪录片。片中芝加哥抗议者的庭审片段由动画呈现，但其中的对话均来自真实的庭审记录。法庭之外的其他动画场景也更像是情景再现，而不是对现实的还原。

《地下孩童》(*Children of the Underground*，2001)

　　片长 104 分钟，由埃代·贝尔兹伯格（Edet Beltzberg）执导，Beltzberg Films、HBO、Documentary Release 和 Docu Rama 出品。此片于罗马尼亚首都布加勒斯特拍摄，记录了一群住在地铁隧道里的流浪儿童，曾获奥斯卡提名。

《揭秘漫画超级英雄》(*Comic Book Superheroes Unmasked*，2003)

　　片长 100 分钟，由 A&E TV Networks 出品。该片回顾了漫画和超级英雄从 20 世纪 60 年代至 21 世纪初的发展历程，是有线电视台制作的历史类纪录片代表作，没有娱乐和夸张的内容。该片叙事时利用了采访片段和画外音旁白。

《美国制造》(*Crips and Bloods: Made in America*，2008)

　　片长 99 分钟，由斯泰西·佩拉尔塔（Stacy Peralta）执导，Docuramafilms 出品。该片聚焦南加利福尼亚州腹地距离比弗利山不远的一片社区，该社区被两个对立的黑帮势力所控制。该片通过采访追溯了这片社区的历史和黑帮活动的兴起。

《克鲁伯》（*Crumb*，1994）

片长 120 分钟，R 级，由特里·茨威戈夫（Terry Zwigoff）执导，索尼经典影业出品。该片概述了创作《扎普漫画》（*Zap Comix*）、《怪猫菲力兹》（*Fritz the Cat*）和《天性先生》（*Mr. Natural*）等作品的罗伯特·克鲁伯（Robert Crumb）的一生，聚焦他的生平、创作以及他时常沉醉其中的怪诞世界。影片借助访谈和对话式情节来搭建叙事。

《黑暗的日子》（*Dark Days*，2000）

片长 94 分钟，黑白片，由马克·辛格（Marc Singer）执导，Optmum Home Entertainment 出品。此片曾获六项大奖。它聚焦的是生活在纽约宾州车站暗无天日、老鼠肆虐的隧道中的一群流浪汉，他们的生存条件十分恶劣，有些人甚至已经在此生活长达 25 年。片中有主创对这些流浪汉的采访片段。

《魔鬼游乐场》（*Devil's Playground*，2002）

片长 77 分钟，由露西·沃克（Lucy Walker）执导，Stick Figure Productions 出品。该片记录了一群 16 岁的阿米什青年离开家乡体验外界生活，直到决定自己是否要在阿米什的信仰和文化中度过一生的故事。片中有采访和对话式情节。

《狗镇和滑板少年》（*Dog Town and Z-Boys*，2001）

片长 91 分钟，由斯泰西·佩拉尔塔执导，索尼经典影业和范斯（Vans）出品。这是一部讲述滑板和滑板少年的经典纪录片，聚焦一群咄咄逼人的滑板少年。片中有一些采访和对话式情节。

《爱德华·霍普》（*Edward Hopper*，2007）

片长 30 分钟，由卡罗尔·摩尔（Carroll Moore）执导，在美国国家艺术馆展映。此片记叙了写实画家霍普的一生及其影响，片中使用了影像档案资料、影片片段以及霍普的真迹来深入展现霍普的生平和作品。该片具有教育意义，其寓教于乐的风格适合各类观众群体。此片由史蒂夫·马丁（Steve Martin）担任旁白，并采用了第一人称的采访。

《华氏 911》（*Fahrenheit 9/11*，2004）

片长 122 分钟，由迈克尔·摩尔执导，Westside Productions IIC 出品。影片曾获戛纳国际电影节金棕榈奖，审视了"9·11"悲剧之后金钱和石油所扮演的角色。摩尔在片中展现的讽刺和幽默风格极其出色，还结合了对多位人士的揭露式采访。该片的讽刺、幽默、采访及其对客观现实的创造性洞察直击要害。因为这部作品，摩尔激起了美国极右翼人士的愤怒，长期以来一直被抨击和打压。

《法明代尔》（*Framingdale*，2004）

片长 78 分钟，由卡洛斯·桑多瓦尔（Carlos Sandoval）和凯瑟琳·塔比尼（Catherine Tambini）执导，New Video Group、Docurama 和 POV 出品。该片曾获圣丹斯电影节评审团特别奖，聚焦 1500 名墨西哥农场工人移民到纽约州长岛上的法明代尔小镇，以及与之相伴随的中产阶级社区的敌对态度。

《为了全人类》（*For All Mankind*，1989）

片长 79 分钟，由阿尔·莱因哈特（Al Reinhart）执导，标准收藏公司（The Criterion Collection）出品。这部纪录片汇编了美国国家航空航天局（NASA）1969 年登月计划的档案资料。影片旁白由当年参与登月计划的宇航员担任。

《四个小女孩》（*4 Little Girls*，1997）

片长 102 分钟，由斯派克·李（Spike Lee）执导，HBO出品。该片曾获奥斯卡提名，深入探究了一场导致 4 个小女孩丧生的教堂恐袭事件，并考察了该事件对民权运动的影响。影片集采访、照片资料和影片片段于一身。

《热心肠：公房是我家》（*Fired-Up: Public Housing Is My Home*，1990）

片长 60 分钟，詹姆斯·R. 马丁（本书作者）执导，在芝加哥城市规划委员会的指导下拍摄，并由本书作者的公司出品。这部影片曾获艾美奖最佳有线电视纪录片奖，它探讨了租户管理概念的引入对芝加哥公共住房带来的影响。在片中，博莎·吉尔凯（Bertha Gilkey）成功在圣路易斯的科克伦花园推行了这一理念。影片通过第一人称的采访来搭建叙事。

《食品公司》（*Food Inc.*，2008）

片长 91 分钟，由罗伯特·肯纳（Robert Kenner）执导，Magnolia Pictures 和 Participant Media 出品。看完这部纪录片之后，观众们恐怕很难再接受任何肉类或禽类食物了。本片深入审视了美国的食品加工业以及农业的商业化。

《弗罗斯特对话尼克松》(*Frost/Nixon*，1977)

由约翰·温特(John Winther)执导，Liberation Enter-tainment 出品，首播于 1977 年。这场大卫·弗罗斯特(David Frost)与尼克松(Richalard Nixon)两人的电视采访破了当时的收视纪录。此片深入展现了纪录片电影在内容层面可以动用的采访策略，并在后来被改编成了电影。该片发行的 DVD 版本总计 28 小时，主要聚焦水门事件。

《成吉思·布鲁斯》(*Ghengis Blues*，1999)

片长 88 分钟，由罗科·贝利奇(Roco Belic)执导，由 Wadi Rum 和 Docurama 出品。该片曾获奥斯卡提名，聚焦于盲人爵士音乐家保罗·佩纳(Paul Pena)，讲述他通过广播听到一种新颖的歌唱形式(图瓦喉音演唱)，从此开始学习这种演唱方式。这部纪录片带我们走进蒙古图瓦，佩纳在当地参加了每三年举行一次的呼麦歌唱比赛。

《给我庇护》(*Gimmie Shelter*，1970)

由 Maysles Films Inc. 出品，蓝光版本由标准收藏公司重新发行。影片聚焦 1969 年 12 月在旧金山阿尔托蒙特高速公路附近举行的滚石演唱会义演。这部直接电影将我们带到滚石乐队演唱会现场，这是其 1969 年在北美巡演的最后一站。当时有近 30 万嬉皮青年观看了这场演出。演唱会现场一片混乱，影片中没有涉及任何正式的采访。

《美国哈兰县》(*Harlan County U. S. A*，1976)

片长 104 分钟，由芭芭拉·卡颇(Barbara Kopple)执导，标准收藏公司于 2004 年重新发行了 DVD 版本。这部经典纪录片聚焦的是肯塔基州的煤矿产业和哈兰县居民与杜克能源公司之间的劳工合同纠纷。该片曾获奥斯卡最佳纪录片奖，也曾于纽约电影节展映，并被收入美国国家电影目录。该片采用了采访和对话式情节来结构叙事。

《篮球梦》(*Hoop Dreams*，1994)

片长 171 分钟，由史蒂夫·詹姆斯 (Steve James) 执导，Filmline Features、Kartemquin Films、KTCA TV 及标准收藏公司出品。该片拍摄历时 5 年才完成，讲述了两个年轻男孩在校园体育的体系下成长，同时克服家庭生活的巨大压力，迎接芝加哥街头篮球挑战的故事。

《我喜欢打苍蝇》(*I Like Killing Flies*，2004)

片长 79 分钟，由马特·马胡林 (Matt Mahurin) 执导，New Video Group、Docurama Films、Mortal Films、Red Envelop Entertainment 和 Think Film 出品。该片曾获圣丹斯电影节评审团特别奖，以直接电影的手法记录了肯尼·绍普辛斯 (Kenny Shopsins) 在格林威治村开餐厅的故事。他不仅厨艺惊人，还秉持幽默的人生观。该片的采访直率自然。

《监守自盗》(*Inside Job*，2010)

片长 109 分钟，由查尔斯·弗格森 (Charles Ferguson) 执导。影片曾获奥斯卡最佳纪录片奖，是关于 2008 年全球金融危机的非虚构故事，还探讨了它的成因。这部纪录片不仅从历史视角出发回顾这场危机，还深入探讨了金融危机的缘起，直指以牺牲纳税人利益为代价继而从中获利的罪魁祸首。影片深入浅出，极富洞见。片中会穿插一些采访问题，以交代相关的背景。

《大宁静》（*Into Great Silence*，2005）

片长 162 分钟，由菲利普·格罗宁（Philip Groning）执导，Zeitgeist Films 出品。1984 年，格罗宁向查尔特勒修道会提出拍摄一部纪录片的申请，直到 16 年后才获准。格罗宁为此只身一人前往阿尔卑斯山脉，与修道士们共同生活。该片没有任何配乐、采访、画外音、人工照明或者档案资料，带观众体验了僧侣的真实生活。

《寿司之神》（*Jiro Dreams of Sushi*，2011）

片长 81 分钟，由大卫·贾柏（David Gelb）执导，Magnolia Pictures 出品。该片讲述了一位 85 岁高龄的寿司大厨的故事。他在东京一座地铁站旁经营一家名叫数寄屋桥次郎的寿司店，店内只有十个座位且只做寿司。这部纪录片以采访为主，内容诙谐有趣，信息丰富，涉及文化和传承等多个主题。

《林璎》（*Maya Lin*，1994）

片长 83 分钟，由弗里达·李·莫克（Freida Lee Mock）执导，DocuRama 出品。该片于 1994 年获奥斯卡最佳纪录片奖，讲述了在设计和建造越战老兵纪念碑过程当中产生的争议——一位年轻的女建筑师在获选后迎接她的却是争议和批评。影片同时还聚焦林璎之后的职业发展，片中引用了档案资料、林璎的采访片段以及其他与纪念碑建造相关的资料。

《轮椅上的竞技》（*Murderball*，2005）

片长 88 分钟，由亨利·亚历克斯·鲁宾（Henry Alex Rubin）和达纳·亚当·夏皮罗（Dana Adam Shapiro）执导，Think Film、MTV Films 和 1 More Film 出品。这部制作精良的

纪录片讲述了美国轮椅橄榄球（又叫"谋杀球"）项目运动员
与加拿大运动员在 2004 年雅典残奥会上的比赛。这部纪录片
具备故事片式的戏剧性、冲突和几乎其他所有元素。影片借
助第一人称的采访来结构叙事。

《夜与雾》（*Night and Fog*，1956）

片长 32 分钟，由阿兰·雷奈（Alain Resnais）执导，
Argos Films 和标准收藏公司发行。这部感人肺腑的纪录片跨
越时间，聚焦二战末期的集中营，探究了德国纳粹犯下的反
人类罪行。雷奈在片中同时使用了历史照片、电影片段以及
在集中营遗址拍摄的新素材。片中没有用到采访，而是以画
外音作为旁白。

《没有方向的家》（*No Direction Home: Bob Dylan*，2005）

片长 208 分钟，由马丁·斯科塞斯（Martin Scorsese）执
导，派拉蒙影业（Paramount Pictures）出品。该片聚焦鲍
勃·迪伦从明尼苏达到格林威治，再到现在的人生历程，深
入探讨了他的个人经历和音乐创作。

《乔治·奥威尔不得安息》（*Orwell Rolls in His Grave*，2004）

片长 84 分钟，由罗伯特·凯恩·帕帕斯（Robert Kane
Pappas）执导，Sky Island Film 出品。影片深入讨论了媒体厌
恶自我剖析的本质。

《野鹦鹉》（*Parrots of Telegraph Hill*，2005）

片长 83 分钟，由朱迪·欧文（Judy Irving）执导，Shad-
ow Distribution Inc 出品。此片讲述了一位名叫马克·比特纳
（Mark Bittner）的人在旧金山照顾一群迁徙来的鹦鹉的故事。

影片对于马克和众多鹦鹉的刻画深入人心。

《初选》（1960）

片长 60 分钟，由罗伯特·德鲁执导，Docurrama 和 Robert Drew Collection 出品。这部美国直接电影风格的纪录片讲述了当年约翰·肯尼迪与休伯特·汉弗莱在威斯康星州进行民主党总统候选人初选的经历。影片采取了一种"墙上的苍蝇"的拍摄风格，直观展现了两位候选人的竞选活动。

《宗教的荒谬》（*Religulous*，2008）

片长 101 分钟，由拉里·查尔斯（Larry Charles）执导，狮门影业、Thousand Words 及比尔·马厄（Bill Maher）出品。此片由比尔·马厄担任主持，他以不羁而幽默的口吻分析了美国宗教的现状。片中采访者和受访者都有出镜。

《雷斯特雷波》（*Restrepo*，2010）

片长 93 分钟，曾于 2011 年获奥斯卡提名。观看此片，仿佛让人觉得自己在阿富汗与巴基斯坦边境的库伦加尔地区参战，子弹会掠过你的头顶，得俯下身才能在战场中苟活。

《巨浪骑士》（*Riding Giants*，2004）

片长 100 分钟，由斯泰西·佩拉塔（Stacy Peralta）执导，Setsune、Studio Canal 及索尼经典影业出品。该片使用图表资料、采访片段、档案记录和相关文件等来讲述巨浪挑战运动的历史和文化，其寓教于乐的风格广受好评。

《推销员》（*Salesman*，1969）

片长 85 分钟，黑白电影，由阿尔伯特·梅斯利（Albert

Maysles）和大卫·梅斯利（David Maysles）执导，Maysles Films 出品。该片聚焦圣经推销员，展现他们挨家挨户上门推销圣经、与销售经理开会以及在当地餐馆就餐等景象。这部直接电影手法的纪录片不涉及任何采访，让观众亲身感受到圣经推销员的工作。

《搓碟》（*Scratch*，2001）

片长 92 分钟，由道格·普雷（Doug Pray）执导，Palm Pictures 出品。影片曾入选圣丹斯电影节，探索嘻哈的世界，从 Hip-Hop 的诞生到搓碟的出现，再到唱盘主义的流行。这部纪录片在导演和剪辑上都属上乘，片中有一些采访和故事情节。

《寻找小糖人》（*Searching for Sugarman*，2012）

片长 85 分钟。该片于 2013 年获得奥斯卡最佳纪录片奖。这部纪录片讲述了一位名为罗德里格斯（Rodriquez）的底特律音乐家在南非变得家喻户晓而自己却毫不知情的真实故事。影片中有采访片段和第一人称旁白。

《闪耀光芒》（*Shine a Light*，2008）

片长 121 分钟，由马丁·斯科塞斯执导，派达蒙经典影业出品。该片呈现的滚石乐队演唱会现场让我们不免怀疑他们究竟已经流行了多久。这是一部杰出的音乐巡演纪录片，适合开大音量观看，它的蓝光版本也非常棒。该片包含一些采访和故事情节。

《建筑大师盖瑞速写》（*Sketches of Frank Gehry*，2005）

片长 84 分钟，由西德尼·波拉克（Sidney Pollack）执导，索尼经典影业出品。该片聚焦享誉世界的著名建筑师弗兰克·盖瑞（Frank Gehry），他曾设计了包括洛杉矶沃尔特·迪斯尼音乐厅和西班牙毕尔巴鄂古根海姆博物馆在内的众多现代建筑。西德尼·波拉克在片中出镜采访。

《无声的呐喊》（*Sound and Fury*，2000）

片长80分钟，由乔什·阿伦森（Josh Aronson）执导，美国公共广播公司（PBS）出品，曾获奥斯卡提名。该片从一个家庭切入，探究了失聪群体对于人工耳蜗的看法。片中家庭采访的片段可供参考。

《风格之战》（*Style Wars*，1983）

片长69分钟，由托尼·西尔韦（Tony Silver）执导，Docurama 和 New Video Group 出品。该片是一部关于20世纪70年代后期纽约嘻哈和涂鸦艺术运动潮流兴起的经典纪录片。片中有一些采访片段。

《金门大桥》（*The Bridge*，2006）

片长94分钟，由埃里克·斯蒂尔（Eric Steel）执导，Koch Lorer Films 出品。该片拍摄时间长达一年，讲述一年间发生的24例意图在金门大桥自杀的事件。影片架设多机位进行拍摄。该片的初衷是警示政府及时阻止有自杀倾向的人。影片对幸存者的家属以及一位自杀未遂者进行了采访。

《美国内战史》（*The Civil War*，1990）

全长11小时，由肯·伯恩斯（Ken Burns）执导，美国公共广播公司和华纳家庭娱乐出品。这部影片被誉为电影经典和讲述历史故事的里程碑作品，影片采用照片、档案、影像资料、内战士兵书信等完全真实可信的历史材料，没有夹杂任何历史重演片段，其他历史资料则是由旁白呈现，并配合内战发生地的现代视频资料、印刷制品、图像以及对学者的采访。导演在大量纪录片中都使用了这种叙事手法。《非虚构电影史》（*History of Nonfiction Film*）的作者埃里克·巴尔诺（Erik Barnouw）说，伯恩斯因为其优秀的创作而成为首位受邀加入美国历史家协会的非历史学家，巴尔诺说，这"也意味着纪录片已经被当成是一种书写历史的媒介"。伯恩斯导演的其他作品包括《布鲁克林大桥》（*Brooklyn Bridge*，1981）和《震颤教派：亲手工作，全心属主》（*The Shakers: Hands to Work, Hearts to God*，1984）等。在 2006 年，他拍摄了一部长达 15 小时的二战纪录剧集《战争》（*The War*，2007）。

《海豚湾》（*The Cove*，2009）

片长 96 分钟，由路易斯·西霍尤斯（Louie Psihoyos）执导，狮门影业出品。该片获 2010 年奥斯卡最佳纪录片奖，讲述的是日本太地町买卖和捕杀海豚的故事。几位纪录片创作者为此潜入一处戒备森严的海豚湾调查其运作情况。看完此片后，观众对海豚表演的看法将会大大改变。该片有一些采访，还进行了隐藏式拍摄。

《魔鬼与丹尼尔·约翰逊》（*The Devil and Daniel Johnston*，2005）

片长 110 分钟，由亨利·S. 罗森瑟尔（Henry S. Rosenthal）和泰德·霍普（Ted Hope）执导，索尼影业出品。此片讲述了地下音乐家及艺术家丹尼尔·约翰逊（Daniel Johnston）的经历，围绕他的艺术创作和与精神疾病的斗争展开。影片采用了第一人称旁白和采访片段。

《可耻的收获》（*Harvest of Shame*，1960）

　　片长55分钟，由弗雷德·W.弗兰德利（Fred W. Friendly）执导，New Video Group、哥伦比亚广播公司（CBS）和 Docurama 出品。在这部具有电视风格的纪录片中，爱德华·R.默罗（Edward R. Murrow）和弗雷德·W.弗兰德利共同担任主持和旁白。影片在哥伦比亚广播公司新闻频道播出。影片通过一些采访，探讨了居住在佛罗里达州但被送往北方采摘季节性作物的移民农民群体的处境。

《战争迷雾》（*The Fog of War*，2003）

　　片长107分钟，由埃罗尔·莫里斯（Erroll Morris）执导，索尼经典影业出品。该片于2003年获奥斯卡最佳纪录片奖。影片通过采访美国国防部前部长罗伯特·麦克纳马拉（Robert Strange McNamara），回溯了其在越南战争时的任期。影片的档案素材出色地围绕着麦克纳马拉总结的11条"铁律"结构，其对画外主持人的采访的运用也很有趣。

《最后的华尔兹》（*The Last Waltz*，1978）

　　片长120分钟，由马丁·斯科塞斯执导，米高梅影业出品。这部制作精良的纪录片对准了一场被宣称是某乐队举办的最后一场的演唱会。影片以35mm胶片摄制，斯科塞斯重新点亮和装饰了旧金山的一座音乐厅，拍摄了这部影片。他还采访了音乐人，这让该片看起来更像是一部活动纪录片。斯科塞斯动用了多个机位，并就如何摄制该片准备了分镜头剧本。该片现已有蓝光发行版本。

《美国与列侬》（*The U.S. vs. John Lennon*，2006）

　　片长96分钟，由大卫·里夫（David Leaf）和约翰·沙因费尔德（John Scheinfeld）执导，狮门影业出品。影片挖掘的是美国政府试图阻止约翰·列侬出境的所作所为。片中还使用了列侬和洋子在卧室中受访的资料镜头。

《又名钟汤米》（*AKA Tommy Chong*，2006）

片长78分钟，由乔什·吉尔伯特（Josh Gilbert）执导。该片兼具娱乐性和信息性，讲述了主人公是如何被以"跨州贩卖吸毒用品"的罪名陷害、逮捕、审判及定罪的。片中有第一人称叙述和采访片段。

《决堤之时：四幕安魂曲》（*When the Levees Broke*，2006）

片长256分钟，配有法语和西班牙语双语字幕，由斯派克·李（Spike Lee）执导，HBO出品。该片深入遭受卡特琳娜飓风袭击及后续进行灾后重建工作的新奥尔良地区及其居民进行拍摄。影片靠采访构建了叙述中的故事情节。

《谁消灭了电动汽车》（*Who Killed the Electric Car*，2006）

片长93分钟，由克里斯·佩恩（Chris Paine）执导，索尼经典影业出品。该片讲述了电动汽车的历史，以及通用汽车公司在20世纪80年代成功造出电动汽车，却又在随后退市，并销毁所有原型车的故事。该片用采访构建了叙述中的故事情节。

《我们为何而战》（*Why We Fight*，2005）

片长98分钟，由尤金·亚雷茨基（Eugene Jarecki）执导，索尼经典影业出品。该片曾获圣丹斯电影节评审团大奖，围绕美国军事与工业的关系展开了讨论。影片采用了采访和旁白。

《迁徙的鸟》（*Winged Migration*，2001）

片长 89 分钟，由雅克·贝汉（Jacques Perrin）、雅克·克吕佐（Jacques Cluzaud）和迈克尔·德巴（Michel Debats）执导，加拿大广播公司（CBC）出品。这部自然纪录片曾获奥斯卡提名，讲述了多种鸟类在 40 个国家之间的迁徙。影片采用了旁白和采访。

《一个声音》（*With One Voice*，2009）

片长 78 分钟，由埃里克·坦普尔（Eric Temple）执导，Forest Way Productions 出品。该片曾在 2009 年获泰利奖，以寓教于乐的方式探究了几个世界主流宗教对于神秘主义的观点。这部纪录片的摄影和剪辑都很出色，片中的采访参与构建了引人入胜的叙事和旁白。

《文字游戏》（*Wordplay*，2006）

片长 85 分钟，由帕特里克·克里顿（Patrick Creadon）执导，IFC Films 出品。影片分析了填字游戏在美国吸引 5000 万人的原因，还讲述了美国国家电视台著名填字游戏大师威尔·肖兹（Will Shortz）的故事。影片中的采访值得借鉴学习。

附录2 参考书目

Alten, Stanley R. *Audio in media*. Belmont, Calif: Wadsworth Pub, 1986.

Barnouw, Erik. *Documentary a history of the nonfiction film*. New York: Oxford UP, 1993.

Carlson, Verne. *Professional lighting handbook*. Boston: Focal, 1985.

Crowell, Thomas A. *The pocket lawyer for filmmakers*. Boston: Focal Press, 2007.

Edmonds, Robert. *Anthropology on film*. Dayton: Pflaum, 1974.

Frankfurt, Harry G. *On truth. New York: Alfred A. Knopf,* 2006.

Hardy, Forsyth, John Grierson. *London and Boston: Faber and Faber,* 1979.

Holt, Jason. *The daily show and philosophy* (The Blackwell philosophy and pop culture series). Grand Rapids: Blackwell, 2007.

Jacobs, Lewis. *The documentary tradition. Second ed.* New York: W. W. Norton and Company, 1979.

Lumet, Sidney. *Making movies*. New York: Vintage, 1996.

Martin, Clifford,. *Microphones how they work & how to use them*. Blue Ridge Summit, Pa: G/L Tab, 1977.

Martin, James R, *Create documentary films, video and multimedia. 3rd Edition.* Real Deal Press/JRMartin Media Inc 2014 Print & Digital

Murch, Walter. *In the blink of an eye. Second Edition. A perspective on film editing.* Sillman-James Press. 2001.

*插图说明：本书所有照片和插图都是作者本人版权所有的原创作品，或者公共领域作品。

出版后记

　　一般而言，采访似乎是一项只有在获取新闻信息时才用得上的专业技能。可实际上，在我们的日常生活中，几乎处处都有采访的影子：在职场中，面对需要沟通解决的棘手问题时，我们会想方设法组织语言，必要时还会动用一些肢体语言辅助表达；面对朋友的倾诉时，我们也会侧耳倾听，尽力帮助对方排忧解难；就连人与人碰面时最常见的寒暄，也难免涉及话题的选择和信息的分享。毫不夸张地说，但凡我们与人交流，就相当于是在采访。

　　本书作者很好地洞察到了这一点。他没有简单地把采访视作一项循规蹈矩的专业技能，而是将其纳入人与人沟通的范畴中进行剖析，强调了倾听在采访中的重要性，从而揭示了采访的秘密。此外，作者还结合大量案例，就如何进行采访进行了系统的讲解——包括但不限于解答纪实类项目结构的搭建、采访风格的选择、采访前问题的准备、言语交流和非言语交流的要点、采访的拍摄和多种复杂场景应对等多个问题，旨在为读者提供采访及拍摄方面的切实指导。

　　在本书编辑过程中，我们依照规范对译稿进行了校订，使全文结构清晰、层次分明、文字准确、配图明晰，以确保读者有最佳的阅读体验。尽管如此，本书可能仍存在不足之处，希望广大读者能够将发现的问题反馈给我们，以便在重印时及时修改，我们将不胜感激。我们也希望这本小书能帮助读者朋友掌握一些采访的基本技巧，体会到与人深度沟通的愉悦。

　　同时，也欢迎阅读我们出版的其他相关书籍，比如人手一册的南加大经典纪录片创作教材《纪录片创作完全手册》，汇集大量真实案例和宝贵经验的《纪录片也要讲故事》，以及北京电影学院王竞老师基于多年教学和创作经验写就的《纪录片创作六讲》，等等。

后浪电影学院

2024 年 7 月

图书在版编目（ＣＩＰ）数据

采访与倾听 : 修订版 / （英）詹姆斯·R. 马丁
(James R Martin) 著；郑恬译 . –– 北京：中国友谊出
版公司 , 2024.9

ISBN 978–7–5057–5751–6

Ⅰ . ①采… Ⅱ . ①詹… ②郑… Ⅲ . ①采访学 Ⅳ .
① G212

中国国家版本馆 CIP 数据核字 (2023) 第 225653 号

著作权合同登记号　图字：01–2023–5471

书　名	采访与倾听：修订版
作　者	［英］詹姆斯·R. 马丁
译　者	郑　恬
出　版	中国友谊出版公司
发　行	中国友谊出版公司
经　销	新华书店
印　刷	北京盛通印刷股份有限公司
规　格	880 毫米 ×1194 毫米　32 开
	5 印张　100 千字
版　次	2024 年 9 月第 1 版
印　次	2024 年 9 月第 1 次印刷
书　号	ISBN 978–7–5057–5751–6
定　价	42.00 元
地　址	北京市朝阳区西坝河南里 17 号楼
邮　编	100028
电　话	（010）64678009